美国高校行政管理探究

—— 武汉大学2019年
青年管理干部出国研修成果集

Meiguo Gaoxiao
Xingzheng Guanli Tanjiu

主　编　赵雪梅

副主编　朱德友　刘春江　巫世晶　李晓述

参　编（以姓氏笔画为序）
马博懿　文云冬　肖劲草　金　诚
胡斯嘉　谌启航

WUHAN UNIVERSITY PRESS
武汉大学出版社

图书在版编目(CIP)数据

美国高校行政管理探究:武汉大学2019年青年管理干部出国研修成果集/赵雪梅主编.—武汉:武汉大学出版社,2021.8
ISBN 978-7-307-21903-8

Ⅰ.美…　Ⅱ.赵…　Ⅲ.高等学校—行政管理—美国—文集
Ⅳ.G649.712-53

中国版本图书馆 CIP 数据核字(2020)第 222328 号

责任编辑:陈　帆　　　责任校对:汪欣怡　　　版式设计:马　佳

出版发行:**武汉大学出版社**　　(430072　武昌　珞珈山)
(电子邮箱:cbs22@whu.edu.cn　网址:www.wdp.whu.edu.cn)
印刷:武汉市宏达盛印务有限公司
开本:720×1000　1/16　印张:15.25　字数:219千字　插页:1
版次:2021年8月第1版　　2021年8月第1次印刷
ISBN 978-7-307-21903-8　　定价:56.00元

序　言

　　习近平总书记指出："发现培养选拔优秀年轻干部是加强领导班子和干部队伍建设的一项基础性工程，是关系党的事业后继有人和国家长治久安的重大战略任务。"教育是国之大计，党之大计。培养一支信念坚定、素质优良、结构合理的年轻干部队伍，为教育事业发展输送源源不断的青春力量，是加快推进新时代"双一流"建设的重要支撑，也是推进教育现代化、建设教育强国的重要保障。

　　武汉大学历来高度重视青年管理干部的选拔、培养和锻炼。自2017年以来，已选拔3批共86位青年管理干部赴斯坦福大学、加州大学伯克利分校、加州理工学院、加州大学洛杉矶分校、南加州大学等美国一流大学进行学习交流，提高他们的政治能力、调查研究能力、科学决策能力等。2019年派出的第三批青年管理干部在前两批学员学习成果的基础上，聚焦学校提出的"能力建设年"有关要求，提前规划、精细安排、深入调研，既有新发现、新收获，更有新思路、新提升。研修返校后，学校党委听取了他们的学习情况和研修成果汇报，学员们围绕高校治理与管理、人事与人才管理、学生教育与管理服务等三个类别，给出了观察、思考后的收获与建议。

　　综观学员的研修成果，我们欣喜地看到，青年管理干部一方面展现了武汉大学青年管理干部较好的综合业务能力和跨文化交流能力，另一方面较好地在研修中做到"三个聚焦"，切实做到了学思结合、学以致用。一是聚焦一流大学建设路径。从报告中可以看出，研修学员们对于美国一流大学的办学思想和具体举措调研很细、挖掘很深，同时又能结合世情、国情和高等教育规律进行辩证思考、理性借鉴。尤其是学员们并没有局限于培训、交流的内容，而是突出世界一流大学建设这一核心目标，与参访学校深入沟通，多方面吸收世界一流高校的建设经验，探讨世界一流大学建设规律、策略等，充分体现了学员们的学习主动性和深度。二是聚焦一流人才培养模式。研修学员们紧密围绕国外一流大学人才培养的招生、课堂教学、科研能力培养和管理服务等事项，逐一开展了专题学习和研讨，较好地吸收了国外高校的成功经验，也结合武汉大学事业发展的实际给出了自己的思考。三是聚焦管理服务能力提升。成果中，既有关注课堂教学评估、内部审计、科技成果转化、学生管理服务等高校日常工作的学习成果，更有从宏观层面探讨高校内部治理结构、行政管理体系以及管理队伍建设的思考，充分体现了学员在围绕如何推进学校治理体系和治理能力现代化方面的进修成果，也较好地契合了学校年度工作的主题。

　　当前，学校正处在"双一流"建设和事业改革发展的攻坚期、关键期，青年管理干部肩负的使命和责任更加光荣艰巨。这就要求我们树立终身学习的理念，在担当作为、攻坚克难中进一步提升政治能力、履职能力，为学校发展作出自己的贡献。本书集合了学员们结合各自工作岗位实际，以一线工作人员的笔触，围绕世界一流大学和一流学科建设所涉及的高校行政管理制度创新和治理能力建设的各个方面，在进一步调查研究、归纳梳理后进行的理论探索、方法研究、路径探讨等。既可作为高等教育理论研究的前沿资料，也可作为教育管理从业人员的工作参考。于此最新研修成果付梓之际，甚感欣慰，特以为序。

赵雪梅

2020 年 9 月于珞珈山

（作者系武汉大学党委副书记）

目　　录

高校治理与管理类

人事与人才管理类

学生教育与管理服务类

高校治理与管理类

美国一流高校口腔医学教育
与管理机制创新思考
——基于 2019 年赴美研修经历的启示

马博懿

（武汉大学口腔医学院）

2019 年 7 月，借武汉大学 2019 年青年管理干部出国研修的契机，我与其他 25 名学员一起赴美参观学习了 6 所一流高校。在研修过程中，我重点关注了 UCLA 等一流高校的牙学院。在实地探访学习和查阅资料的基础上，我对美国高校口腔医学教育与管理机制有了一定的了解，结合我校口腔医学教育与管理的现状，形成了自己的一些思考。

一、中美高校口腔医学教育的数目

近 30 年来美国口腔医学院稳定在 55~65 所，每年培养 4000~5000 名口腔医生，美国口腔医学协会（American Dental Association，ADA）根据口腔医生的需求量（退休人数和毕业人数）对每个学校的招生计划进行分配；地方大学（Regional University，相当于我国三本院校）和社区大学（Community College，相当于我国专科学校）均没有开设资格。

美国口腔医学协会对大学开设口腔医学院制定了严格的出入机制和监管制度，每隔 7 年都要对已开设学校的办学条件和教学质量进行审查，不合格者一律停招整改，一批著名大学（如美国西北大学等）的口腔医学院因为管理不善而关闭。

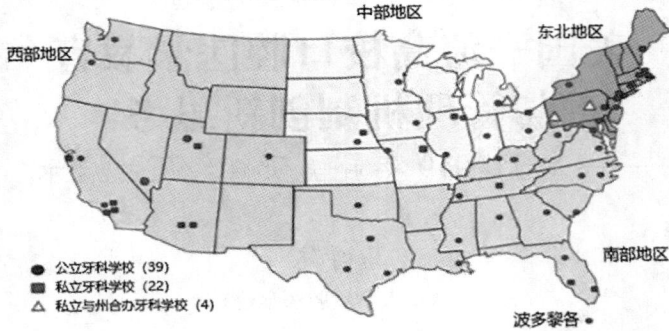

2014年入学的美国公立和私立牙科学校分布情况

（圆点是39家公立牙学院，方块是私立的22家，三角指私立与州合办）

中国口腔医学教育市场需求大，但尚无有效的出入和监管机制，开设学校良莠不齐。目前我国口腔医学院开设学校从双一流高校到三本院校甚至专科学校，参差不齐。我国每年培养15000～20000名口腔医生，其中很大一部分为专科生；本、专科层次学校的失衡导致了教育数量与质量的失衡。整体而言，我国口腔医学教育水平差异大，口腔平均医疗水平较低且差距大。

二、中美口腔医学教育的学制

申请美国牙学院一般需要完成一些对进入牙学院有帮助的项目，比如生物学、化学、物理、药学等，并取得不错的成绩。完成后需要参加专门的口腔医学院入学考试——DAT（Dental Admissions Test）。美国学校口腔医学教育为4年制，极少数的学校有2~3年的牙学院预科项目。入学后，牙学院的教育一般是4年，两年基础医学课，包括解剖、生化、生理、药理等，以及口腔基础课。同时有牙科模拟教学。后两年主要是在学校医院、社区诊所临床实践。

通常牙学院4年结束后就可以参加考试，准备做一个医生。如果还想再历练一下，或者选择某个细分领域深入研究，可以选择各种高阶培训或者住院医师培训项目，从 General 全科迈向 Specialty 专科。这里的专科不是指大专、中专，而是指牙科细分的专业领域，是在全科基础上的更深入发展。

例如高阶培训选择正畸的话是 2~3 年的项目，有 70 个左右的项目供选择。牙体牙髓、牙周修复也类似。而颌面外科专科训练则需 4~6 年，可以获得 M. D. 医学博士的学位。如果只想再提高一下全科技能，一般会有 1~2 年的高阶全科项目，与现在国内 8 年制的口腔临床医学博士大概类似。

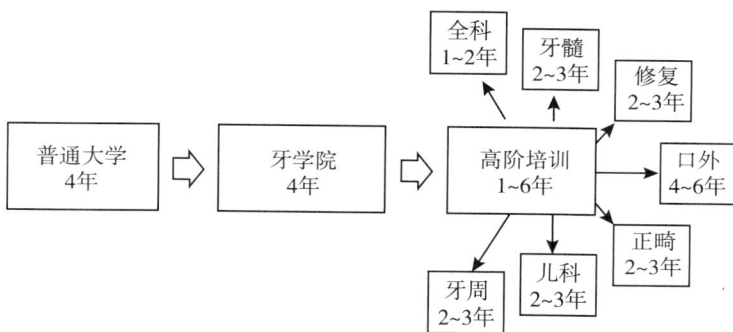

（在美国做一个牙医的发展路径）

根据我国医学教育现状，3 年制是口腔专科教育，5 年制是口腔本科教育（是目前我国口腔医学生教育的主体），8 年制是拟培养口腔临床方面的精英人才。不同学制在培养目标定位、课程设置、培养阶段的划分上侧重点不同，而且不同院校的教学水平不同，导致医学生的水平存在差异。我国口腔医学研究生培养除了 8 年制外，目前主要的培养模式为"5+3"（5 年口腔医学本科教育+3 年口腔医学硕士专业学位或 3 年住院医师规范化培训）和"5+3+3"（5 年口腔医学本科教育+3 年口腔医学科学硕士学位+3 年口腔医学博士科学学位）培养模式，培养模式较为单一。

三、中美口腔医学教育的课程设置

按照美国口腔医学协会的要求，美国的口腔医学专业课学时占总课程的 60%～75%，口腔医学和临床医学占 76.3%，基础医学占 17.5%，文化心理和经济管理等占 6.2%，重视人文素养和综合素质培养，强调早接触临床和连续性实践，大多取消口腔临床专业课集中讲授阶段，采用牙椅边教学；此外，PBL、以器官系统为基础的教学、案例式教学、参与式教学、情景教学、标准病人教学和现代化头模模拟教学等启发式教学方法使用广泛。

国内口腔医学教育课程设置是参照和依附于临床医学，从教学安排上看，口腔医学的 5 年制实际上是临床医学的专科课程加上口腔医学的专科课程。口腔专业课学时比例明显不足，口腔专科知识薄弱，不利于口腔医学的长期发展。

我国大多数学校采用的还是基础课、临床课、口腔课、实习四段式教学模式，灌输为主，以临床实践为中心的整合教学理念不够突出。课程设置缺乏特色和针对性，教学模式陈旧也是造成我国口腔医生医疗水平低且差距大的重要原因。中国口腔医学教育体制允许在高中毕业后 5 年内培养出一个候选口腔医师，同时中国的口腔医师培养又需要进行医学教育基础训练，从而不得不弱化口腔的基础课、专业课，在无学时可分配与医学伦理学、社会心理学、经济管理学等交叉学科的教育，因此在培养学生创造性与主动性方面有所欠缺。

四、中美牙科执业

目前中国还没有建立起专科医师培养和管理制度，而美国的牙科专业设置除了全科牙科医师外，还包括上文所提到的高阶培训中的 10 类专科医师。如果想从事某一专科工作，必须进行相应的专科学习并获得证书。完成专科教育毕业并获得证书，便可从事该专科牙科医师的工作。

国内口腔医学生毕业后工作一定年限，即可报名参加口腔助理执业医师或口腔执业医师资格考试，通过后获得口腔执业证，可以参与全部口腔专科的执业，但是由于各专科跨度大，技术要求不同，导致水平参差不齐。

五、对我国口腔教育启示

与美国牙科医生的培养体系相比，我国的牙医培训体系还可以从以下两方面改进：①针对我国医患关系紧张的环境，应加强对口腔医生人文素质的教育以及医患沟通能力的培养。国内口腔教育对学生医患沟通能力的培养方面几乎是缺失的。据报道称，医院中发生的严重不良后果中，有超过70%的原因在于医患沟通不畅。美国牙医学院开设了多门医患沟通相关的课程，例如"医患沟通学""医患沟通技巧""医患关系学"等，并组织学生围绕临床实践中的一些焦点或疑难问题进行讨论，让学生学会在实践中如何沟通。我国应在开设医患沟通教育相关课程的同时，多组织学生专题讨论，以实际病例让学生学习与患者的沟通技巧；②进行教学方法革新，打破四段式模式，将理论实践交叉渗透、循序渐进。更早接触专业和临床，避免专业学习脱节，尝试PBL等各种现代方法，基于病例以及临床中经常遇到的问题，将学生分成小组讨论，最大程度培养学生将基础理论应用于临床的能力。

目前，武汉大学口腔医学院本着"以人为本，创新人才培养模式"的目标，正在实施口腔医学课程改革，尝试与国际接轨，在结合武汉大学口腔医学院实际的基础上，学习与借鉴美国一流高校口腔医学教育与管理机制，例如：口腔医学课程改革的内容就包括参考美国一流高校的牙医学院课程设置，增加口腔专业课程课时数，压缩临床基础医学课时，使口腔医学的培养以实践为导向；增加实践教学，减少课堂学时，提高学生的主观能动性；以口腔执业要求为教学主线，做到理论教学和实践教学结合，力求培养出合格的口腔医生；进行课程创新，"口腔艺术美学修养""显微牙科实践""口腔诊所设置与管理"等一系列创新课程带入课堂，引领学生提高自己的口腔医学职业素养；开展"良才杯"雕牙比赛，通过 3D 数字模型技术提升学生的动手能力，加深学生对理论课程的理解，提高学生对口腔外科的进一步认识……诸多举措，都体现了武汉大学口腔医学院在口腔医学教育与管理机制方面不断学习与创新的尝试。

随着国内经济的快速崛起，加之国内口腔市场广阔，技术发展快，武汉大学口腔医学院乃至全国口腔医生处理复杂病例的能力也在不断提升。随着课程改革和教学革新的加深与推进，我们培养的口腔医学毕业生有望进一步与国际接轨，满足复杂临床专科的需求，助力武汉大学核心竞争力和影响力的提升，更好地为武汉大学"双一流建设"服务。

新形势下高校实验室安全管理现状分析与中外高校管理对策研究

孙 平 杨旭升

（武汉大学实验室与设备管理处）

实验室是高校教学、科研的基本组成单元，是现代大学的心脏。① 习近平总书记在党的十九大报告中指出："建设教育强国是中华民族伟大复兴的基础工程，必须把教育事业放在优先位置，加快教育现代化，办好人民满意的教育。"为提升高校教育内涵式发展，全面提高人才培养能力，提高我国高等教育整体水平，国家统筹实施"双一流"高校建设和"新工科"建设，高校迎来新的历史发展机遇。② 国家对实验室建设投入了大量的资金和人员，尤其是理工农医类高校或综合性大学的实验室教学、科研活动也更加频繁。③ 与此同时，实验室安全管理缺乏专业管理人员、实验室操作人员不重视、实验安全设施不配套等原因，导致高校实验室安全事故时有发生。因此实验室安全实际上是高校实验室建设非常重要的一环。实验室安全是高等学校教学科研工作推进提高、学生成长成才的基本保障，关乎学校事业发展和师生员工的生命财产安全，所以树立安全发展的理念，坚持弘扬生命至上、安全第一的思想，是

---

① 冯端. 实验室是现代化大学的心脏[J]. 实验室研究与探索，2000，19(5)：14.

② 阎凤桥. 我国高等教育"双一流"建设的制度逻辑分析[J]. 中国高教研究，2016(11)：46-50.

③ 李五一，腾向荣，冯建跃. 强化高校实验室安全与环保管理建设教学科研保障体系[J]. 实验技术与管理，2007，24(9)：1-3，7.

新时期高等学校实验室安全工作的出发点和基本点。[①]

本文通过分析当前高校实验室安全管理现状以及对比中国香港地区及日本、美国部分知名高校管理模式，为新形势下我国内地高校实验室安全管理提供建议和策略。

一、我国高校实验室安全管理现状[②]

（1）机构设置不合理，专业人员配备不足。根据 2015—2017 年教育部实验室安全督查工作总结，可以发现存在学校安全管理部门缺失或多部门管理、职责不清的问题较多，同时，管理人员缺乏、专业性管理人员不足、学校的责任体系不完善等问题比较突出。

（2）实验室安全基础设施薄弱。许多高校存在不同程度的实验室环境和安全设施不到位的情况。一方面是由于高校的建筑年代较久，实验安全配套设施严重不足。另一方面是实验室建设缺乏实验室安全设施规划，导致建成后的实验室不符合实验安全规范要求。上述问题导致空间布局不合理，通风效果差，电路负载过高，无气路气体钢瓶堆积等现象。

（3）危险化学品管理问题突出。危险化学品的品类多，成分复杂，危险性较高，因此高校实验室危险化学品管理难度最大。而危险化学品的存放、存储、使用以及废弃物处置等环节均存在各类安全隐患。

（4）安全教育培训不足。安全教育培训是实验室安全工作中最重要的一环，而实验员既有学生，也有教职工、聘用人员或者外来合作研究人员，同时还包括各类安全管理人员，这些人对实验安全知识的熟悉、了解，决定了实验室安全管理方针政策能否有效执

---

① 郭建中，李坤，刘少恒，等. 新时期高水平实验室安全管理探索与实践［J］. 实验技术与管理，2020，37（4）：4-8.

② 杜亦，冯建跃，张新祥. 高校实验室安全三年督查总结（Ⅲ）［J］. 实验技术与管理，2018，35（7）：5-11.

行。然而目前大部分高校还没有专门的实验室安全课程，也没有专门的实验室安全培训内容。

二、国内外部分高校实验室安全管理概况

（一）香港高校实验室安全管理特点①

（1）建立了专门的 EHS 制度。实验室安全管理机构分为环境、健康、安全机构，负责全校校园内环境卫生、人员健康及校园安全等整体工作。其机构负责人直接向校长汇报。

（2）安全教育培训是学校工作的重要组成部分。学校的安全培训是工科本科课程的一部分；涉及危险因素的理工科研究生必须将实验室安全作为专业课程，课程内容包括实践及经验学习、检查程序及环境采样仪器操作等；学校员工必须获得由学校 EHS 机构执业卫生师的考核评估才能进入实验室。

（3）下班后的安全管理。成立驻校员工宿舍，为下班后值班员工提供住宿点；宿舍员工负责下班后实验室风险管理，同时参与应急事故应变；理工类、研究所指派实验室人员入住宿舍，提供下班后技术支援和安全检查；发生意外时，配合 EHS 机构为主的紧急应变队处理事故。

（二）国外高校实验室安全管理特点

美国、日本等国家高校或科研机构对实验室安全管理高度重视，每所高校都成立专门机构负责实验室安全工作，机构内大多是专业技术人员。

1. 美国高校的 EHS 管理体系特点

（1）法律监管下的管理。美国高校的 EHS 手册开篇都会说明，

---

① 李五一，谷大丰，胡放. 香港高校实验室安全和环保工作考察及启示［J］. 实验技术与管理，2008(9)：10-12，22.

EHS 政策来自《美国职业安全健康法》。该法律于 1970 年 12 月颁布，其中包括了实验室安全内容：实验室中有害化学物质的职业性接触（Occupational Exposure to Hazardous Chemicals in Laboratories），这是一个关于实验室内人员与有害物质接触的安全标准，规定了高校作为雇主必须为在实验室工作的雇员制订一个化学卫生规划（Chemical Hygiene Plan），以保障雇员不会受到有害化学物质的侵害。此外，美国职业安全健康监督局（OSHA）还颁布了化学安全指南（Laboratory Safety Guidance），对实验室安全的很多细节做了规范性的指导和建议。

（2）体系架构完整。美国高校的 EHS 管理系统大多数作为独立的部门而设立，有固定的专业工作团队。它的管理模式分为两种：一种是多部门平行管理，二是自上而下管理。威斯康星大学麦迪逊分校采用多部门平行管理，成立了化学安全、生物安全、动物安全、放射安全、防火安全、一般性及楼宇安全、湖泊安全等 10 个团队，每个团队由 2~10 名人员组成，团队之间相互独立，在统一的平台上运作。麻省理工学院的 EHS 管理系统主要由 EHS 总部、EHS 办公室和 EHS 委员会三个部分组成；EHS 总部是整个 EHS 体系的领导层，负责出台可持续方案、参与环保政策的制定、协调EHS 管理、监管 EHS 办公室的工作等；EHS 办公室负责 EHS 管理的实施和操作层面的工作；直接受 EHS 总部领导，并定期向其报告工作。EHS 委员会主要起监督作用。以上形成了一个纵横交错、上通下达的完善体系。

（3）覆盖面广。美国高校 EHS 管理体系的职责范围包括了行政、教育、后勤等校园活动的方方面面，除了化学实验、生物实验、放射实验等基本的实验操作安全外，还涉及听力损伤、电脑显示器辐射损伤、长时间办公对腰肌损伤等职业健康安全方面的内容。

（4）可操作性强，效率高。在美国高校的 EHS 管理体系中，大多有十几种表格，对实验室布置、事故处理、危险品报备、有毒废物销毁等有详细的指引，其中应用最多的是化学品安全说明书（MSDS）和有害废弃物处理指引，一般放置在网站最显眼的地方或用特殊的图标标记。例如报废化学药品，一般流程要经过以下几个步骤(见图1)：

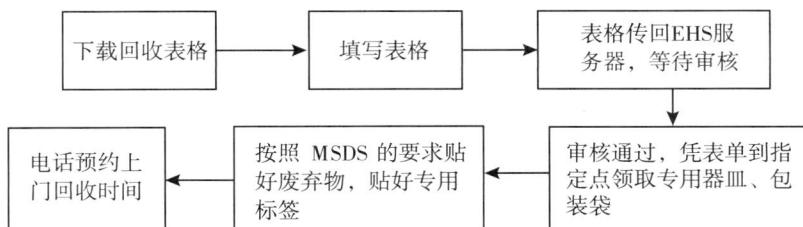

```
┌──────────┐      ┌──────────┐      ┌──────────────┐
│ 下载回收表格 │ ───> │  填写表格  │ ───> │ 表格传回EHS服 │
│          │      │          │      │ 务器，等待审核 │
└──────────┘      └──────────┘      └──────────────┘
                                            │
                                            ↓
┌──────────┐      ┌──────────────┐   ┌──────────────┐
│ 电话预约上 │ <─── │ 按照 MSDS 的要求贴 │ <── │ 审核通过，凭表单到指 │
│ 门回收时间 │      │ 好废弃物，贴好专用 │   │ 定点领取专用器皿、包 │
│          │      │ 标签       │   │ 装袋       │
└──────────┘      └──────────────┘   └──────────────┘
```

图1　美国高校化学废弃物回收流程

在美国高校的 EHS 管理系统中，除了设定各种详细易懂的流程指引外，每个专项都有专人负责，并且公布电话和地址，以保证能对突发事件及时响应。对学校的学科带头人(PI)、研究生、工作人员、参观人员都有职责和权利的界定，不同的角色在同一环境中须对应不同等级的安全要求，即每个人只能"做该做的事"。[①]

(5)资料丰富，信息公开，重视培训。政府签署的法律法规，职业安全与健康管理局颁布的职业安全标准、法规和管理办法，以及各种危险信息等都在各高校的 EHS 网站上被罗列出来，其中绝大部分可以免费下载或阅读。培训系统是各高校 EHS 管理体系不可或缺的环节。例如斯坦福大学每年提供生物安全、实验室化学安全、压缩气体安全、化学仓库管理、有害废弃物收集、激光安全、辐射安全、个人应急准备、一般安全与应急灯 30 余门培训课程。对于新加入实验室的管理人员和实验操作者，EHS 系统要事先为他们提供详尽、严格的培训和考核。[②]

(6)实验室准入制度落实到位。在进入美国高校实验室前，除了要接受严格的岗前培训外，新进员工还必须通过系统化的考核和

---

①　黎莹，胡谷平，蔡涛，等. 借鉴美国主流高校 EHS 体系建设我国的实验室安全文化[J]. 大学化学，2015，30(2)：15-21.

②　阮慧，项晓慧，李五一. 美国高校实验室安全管理给我们的启示[J]. 实验技术与管理，2009，26(10)：4-7.

签署安全文件。培训和考核都可以在线完成，EHS 中心会把测试成绩发送到个人和导师的邮箱。通过测试的人员会得到一份安全培训文件，该文件同时为院系、导师和个人保留，表明导师和院系对个人负有监督的责任。新员工在签署安全文件后，才能领到实验室钥匙，允许进入实验室进行实验操作；但任何情况下不允许在非工作时间单独在实验室开展实验操作。①

2. 日本高校安全管理体制的建设②

日本众多高校将环境保护和实验室安全管理紧密相连，相辅相成。例如东京大学，校内设有 EHS 本部及委员会，此外对实验室安全管理也很到位，实验室公共通道保持两端畅通，设有报警设备、紧急呼叫、喷淋设施等急救装置并附有使用说明；进入实验室即可见墙上张贴了实验室注意事项、紧急逃生指示、废弃物分类处置说明及实验人员安全管理操作等规章制度；实验室内部多采用由上到下的实验布设，例如伸缩式排风设备、伸缩式实验用电源线，节省空间，减少安全隐患；对于气瓶的存放，一般会固定在实验室的角落，固定方式多样，比如链式固定法、轮式推车固定法、支架固定法、底部支撑固定法等。危险化学品的采购和管理方面，日本高校普遍采取由学校统一从有资质的机构采购，实行分类管理、轮休轮作制度，定期进行安全检查，及时做好检查记录并对检查有欠缺的实验室通报批评并要求进行整改，直到合格为止。日本的高等院校实验室一般具备以下特点：

（1）环保意识深入人心，渗入社会，形成良性循环发展；

（2）多数高校设立实验室安全环保管理机构，积极推广宣传安全教育，具备完善的安全教育体系；

（3）实验室总体布局和规划科学合理，安全警示、安全防护设

---

① 阮慧，项晓慧，李五一. 美国高校实验室安全管理给我们的启示[J]. 实验技术与管理，2009，26(10)：4-7.

② 张志强. 日本高校实验室安全与环境保护考察及启示[J]. 实验技术与管理，2010，27(7)：164-167.

备及安全设施随处可见且配备齐全；

（4）重视危险化学品的采购、存放、台账记录及回收处理，定期安全检查并督促整改，形成监督管理体系；

（5）定期检查、维修实验设备及消防设备，有实验室维护、维修专项经费；

（6）制定安全事故应急机制。

三、高校实验室安全管理策略

综合前面所述，我国高校实验室安全问题日益突出，多数实验室安全事故与实验者的不安全行为有关。如何管理好高校实验室，更好地为高校教学和科研服务，拟从以下几个方面进行阐述。

（一）统一管理组织架构

结合我国国情，国内高校应该实行"学校统一领导，职能部门协作监管，二级单位主管负责，实验室具体落实"的管理组织。比如成立校级实验室安全领导机构，作为全校实验室安全决策组织；成立环境、安全、健康管理办公室，统筹学校日常实验室安全管理工作；设立院系实验室安全专职管理员，明确职责、落实责任，负责院系日常安全管理工作。[①]

（二）建立与完善安全管理制度

制定环境、安全、健康安全管理制度体系，除危险化学品、生物、辐射、特种设备和危险废弃物处置等专用管理办法外，还要制定实验室安全规章总则、办事流程、实验人员培训制度、实验人员准入制度等。

---

① 赵明，宋秀庆，祝永卫，等. 新形势下高校实验室安全管理现状与策略研究[J]. 实验室技术与管理，2018，35（11）：6-8，23.

(三) 开展全面的安全教育与培训

按照"全员、全面、全程"的要求，创新宣传教育形式，宣讲普及安全常识，强化师生安全意识，提高师生安全技能。可采取的形式包括：化工、生物类学院开设实验室安全课程；全校开设实验室安全技术公选课；举办安全教育宣传活动；进行操作人员岗位培训；加强安全管理人员经验交流；推动院系安全教育长效机制。

(四) 实行安全监督检查机制

对实验室安全实行"全过程、全要素、全覆盖"的定期安全检查。校级层面重点检查安全制度、安全政策落实情况，发现重大安全隐患并督促及时整改；院系重点检查实验室安全责任制落实情况，实验室准入情况；实验室重点排查安全隐患，加强整改落实工作。

(五) 做好事故预防与应急事故处置

通过建立实验室安全应急预防制度与措施，做好实验室安全应急演练工作，进一步推动实验室安全应急事故的处置能力。

四、结　语

在新的发展形势下，进一步加大了实验室安全管理的难度，同时也对实验室安全管理提出了更高的要求。因此，通过借鉴国内外知名高校的成熟建设经验，来逐步建立一支专业化的实验室管理队伍，为"双一流""新工科"建设提供良好的教学科研环境。

◎ 参考文献

[1]冯端. 实验室是现代化大学的心脏[J]. 实验室研究与探索，2000，19(5)：14.

[2]阎凤桥. 我国高等教育"双一流"建设的制度逻辑分析[J]. 中国高教研究，2016(11)：46-50.

［3］李五一，腾向荣，冯建跃. 强化高校实验室安全与环保管理建设教学科研保障体系［J］. 实验技术与管理，2007，24（9）：1-3，7.

［4］郭建中，李坤，刘少恒，等. 新时期高水平实验室安全管理探索与实践［J］. 实验技术与管理，2020，37（4）：4-8.

［5］杜亦，冯建跃，张新祥. 高校实验室安全三年督查总结（Ⅲ）［J］. 实验技术与管理，2018，35（7）：5-11.

［6］李五一，谷大丰，胡放. 香港高校实验室安全和环保工作考察及启示［J］. 实验技术与管理，2008（9）：10-12，22.

［7］黎莹，胡谷平，蔡涛，等. 借鉴美国主流高校EHS体系建设我国的实验室安全文化［J］. 大学化学，2015，30（2）：15-21.

［8］阮慧，项晓慧，李五一. 美国高校实验室安全管理给我们的启示［J］. 实验技术与管理，2009，26（10）：4-7.

［9］张志强. 日本高校实验室安全与环境保护考察及启示［J］. 实验技术与管理，2010，27（7）：164-167.

［10］赵明，宋秀庆，祝永卫，等. 新形势下高校实验室安全管理现状与策略研究［J］. 实验室技术与管理，2018，35（11）：6-8，23.

美国政府采购内部控制制度对我国高校采购管理工作的启示

肖　潇　彭国亮

（武汉大学采购与招投标管理中心）

　　美国是世界上最早实施政府采购的国家之一，其对于政府采购的专门性立法最早可以追溯到 1761 年颁布实施的《联邦采购法》，其政府采购内部控制制度也起步较早，在长期的实践中形成了独具特色的法律体系和实践方法，在全球范围内产生了广泛的影响。本文拟从几个方面介绍美国的政府采购内部控制制度，指出我国高校政府采购工作存在的主要问题及问题产生的原因，提出完善措施，为提升我国高校政府采购工作管理水平提供借鉴。

一、美国政府采购内部控制制度的特点

(一) 法律制度体系健全

　　美国具有完善的政府采购制度，从 1761 年通过《联邦采购法》至今，有关政府采购的法律法规已经达到 500 部左右，构成了体系复杂而又相对完善有效的政府采购体系。美国政府采购体系非常注重采购程序的规范性，其中至少有 50 部法律涉及采购程序，例如制定于 1809 年的修订法案中第 3709 条规定了除极少数情况可实行协商谈判外，政府采购必须采用招标程序；制定于 1947 年的《武器装备采购法》规定采购程序应更具灵活和建设性，采购合同可根据第一战争权利法案通过协商谈判的方式签订；制定于 1949 年的《联

邦财产与行政服务法》规定了联邦财产的采购程序，正式引入协商的采购方；制定于1984年的《合同竞争法》重新明确竞争性程序，还增加了如何开展市场调研、制订超前计划、确定估价因素等内容。除此以外，还颁布了《贪污受贿、渎职及利益冲突法令》《反回扣法令》《及时支付法令》等配套的法律，在公开招标、工作程序、供应商评审、审计监察和交货追查五方面制定了科学严密的标准和规范，为加强政府采购内部控制打下了坚实的基础。

（二）采购执行及监管机构权责明晰

立法权、行政权和监督权分立的模式是美国政府采购内部控制管理制度的突出特点。联邦采购政策办公室（OFPP）负责全面指导法律和政策的制定，是立法机关。联邦政府总务管理局（GSA）是联邦政府的采购部门，负责与供应商订立各种长期的政府采购合同，以总额折扣定价的方式为政府采购提供商品和服务。美国国会下属的联邦会计总署（GAO），是专门设立的监督管理机构，可以审计全部采购文件，且兼顾接受供货商的投诉质疑；美国总统行政办公厅内设的行政管理与预算局（OMB），主要负责审核联邦项目预算，这两者是美国政府采购的立法监督和行政监督部门。各政府机构建立内控制度，设立内审部门，实时监控本机构政府采购执行情况；当供应商对招投标过程和合同执行有争议时，可向合同争议委员会申诉、向会计总署投诉，甚至向联邦索赔法院起诉。这些部门各负其责，运行有序，实现了对政府采购全方位、全过程的管理和监督。

（三）采购方式多样

随着美国政府采购制度的发展，公开招标由于其周期长、手续多、灵活性差等原因，在实际应用中的比重逐渐下降。竞争性谈判因其采购方式更趋于简洁、合理，得到更为广泛的应用。目前，联邦政府部门在实施集中采购时，普遍推行协议供货制，通过一次招标确定入围供应商和中标产品，联邦政府部门执行采购时至少与其中3家供应商谈判，最终确定供货供应商。笔者今年暑期到加州大学伯克利分校、洛杉矶分校、南加大等美国高校学习交流，了解到他们采购通用型的科研仪器设备就是采用这种方式；对于高精尖的仪器设备，实际用户只要说明采购该设备的理由，就可以直接从该设备生产商处采购，并没有过多繁杂的程序。与此同时，为进一步提高采购效率，增强采购透明度，美国在联邦、州、地方三级政府中还广泛推行电子化政府采购。

(四)追责制度完善

美国政府采购内控管理还有个特点就是"合同官"制度。美国合同官制度就是根据首席采购官的授权，由特定政府雇员担任，在采购过程中作为政府的唯一代表，享有"签字权"，负责订立、管理与终止采购合同，并作出相关决策。合同官在采购方面有充分的自主权，在政府采购活动中占有重要地位，评审专家的意见只是供合同官参考。合同官可以直接签订小额采购合同，也可以根据情况确定采购方式和采购程序。同时，与其权力相对等的是合同官必须对采购全过程负责，一旦采购被发现有问题，即使合同官已经退休或从事其他工作，也会被追究法律责任。这种"权责对等"的追责制度在很大程度上规范了采购行为，防止了腐败行为的发生。

二、我国高校政府采购管理工作的现状 及存在的问题

我国《政府采购法》自 2003 年颁布实施，至今已经 16 年了，由于历史发展和管理模式的特殊性，高校采购无法完全达到《政府采购法》及实施条例的要求。2015 年，财政部要求各部属高等院校严格遵循财政部相关法律法规，开展采购工作应进行报批报备，加大信息公开力度，规范对评审专家的管理，等等。在实际采购工作中，高校不断探索新的采购模式，出台新的制度，大多数部属高校也按照教育部的指导意见，建立了校内采购归口管理部门，积极推动高校内部采购管理工作，这对于加快高校财政预算执行发挥了极大的作用。但是，高校在采购规章制度、采购信息公开、采购过程

管理、采购程序监管以及采购信息化建设等方面仍需要进一步规范。

(一) 法律体系不够完备

建立完整统一、协调一致的政府采购法律法规是完善政府采购制度的前提。2003 年,《政府采购法》的颁布标志着中国政府采购开始步入法制化管理轨道。但是,《政府采购法》仅确立了政府采购的法律和政策框架,实际操作性差,虽然 2015 年国家出台了《政府采购法实施条例》,但其对高校的实际采购工作的针对性和指导性仍有限。特别是在工程项目采购中,财政部出台的《政府采购法》与发改委出台的《招标投标法》之间衔接不好,两部法律在信息披露、质疑程序、投诉程序、法律责任等方面内容均不相同,导致高校在工程采购中会因为法律适用的问题,存在违法违规的风险。此外,由于高校的特殊属性,并不是所有采购项目都纳入了政府采购,相当一部分高校对于政府采购分散采购数额以下的采购项目(属于非政府采购的范畴),没有出台有针对性的管理办法,有的还是按照《政府采购法》实施,逢采必招,效率低下;有的按照学校惯例实施采购,政策风险凸显。同时,很多高校在政府采购内控管理工作中缺少必要的问责体系。

(二) 采购环节执行乏力

2016 年 7 月,中办、国办联合印发《关于进一步完善中央财政科研项目资金管理等政策的若干意见》(中办发〔2016〕50 号)以来,高校、科研院所经过将近三年时间对文件精神的理解、消化、落实,也大多出台了各自的科研仪器设备管理办法,使科研人员有了更多的自主权,科研创新活力在很大程度上得到释放。但在一些科研仪器设备等概念的认识上,却产生了分歧。国家为使政府采购更好地服务于加快政府职能转变、提高行政效能,推出了一系列政府采购简政放权举措。但是具体落到高校采购实际,如何进一步压缩审批环节,如何简化管理流程,如何切实提高采购执行效率却没有更细化的操作指南。

(三) 信息化建设较薄弱

我国政府采购电子化、信息化起步较晚，发展时间不长，各地政府采购信息化进展极不平衡，发达地区与欠发达地区差异较大。即使部分省市的政府采购中心或公共资源交易中心已先后开始建立电子化采购平台，基本是各地自行搭建网络平台，没有构建全国统一的政府采购信息系统，造成重复建设，资源浪费，无法实现信息共享。在部属高校中，只有少数几所建立了电子开评标室，还可利用现代化手段远程异地开评标等，大多数仅实现了政府采购的电子化办公和采购信息的网络发布，采购过程还是停留在供应商到现场投标、评审专家到现场评标的阶段，没有充分利用信息化平台解放人力，导致采购成本太高，采购效率较低。

三、对我国高校政府采购管理工作的启示

内部控制管理制度作为政府采购制度的重要组成部分，是保障政府采购依法有序开展的重要措施。近年来，我国高校政府采购中出现的一些问题，暴露了高校在内控管理上还存在不足。在政府采购内控管理层面，无论是理论上还是实践上，美国政府采购的内控制度都值得我国高校学习和借鉴。

(一) 建立健全采购管理制度，为内部控制提供依据

政府采购工作的推进是建立在一套完整的采购制度基础上的。高校应根据《政府采购法》及其实施条例等国家法律法规，尽快制定本校采购与招标管理办法，在管理办法的基础上，再根据国家相关要求出台实施细则，如武汉大学为深入贯彻落实《国务院关于优化科研管理提升科研绩效若干措施的通知》(国发[2018]25号)要求，出台《武汉大学关于进一步优化科研项目采购管理的暂行规定》(武大采购字[2019]2号)，在政策允许的范围内赋予学校科研人员更大的采购自主权。与此同时，非政府采购管理办法、采购需求论证办法、评审专家管理办法、供应商管理办法等都应该及时制

定，以有效保障学校采购管理工作依法依规开展。

(二) 增强部际联动，打通采购所有环节

高校采购管理工作具有链条长、环节多的特点，高校应加强与采购链条上财务、资产管理、基建、审计、纪检监察等部门的沟通协调，从采购预算和计划、采购执行，到履约验收、合同管理等各个环节，都要保持信息畅通。面对采购中出现的新情况、新问题，及时共同商议，协调解决，特别是对于在学校内部招标的工程采购项目，要理顺并确定工程量清单和招标控制价编制流程，通过明确责任边界，强化责任担当，增强采购与招标工作的整体成效。

(三) 加快采购信息化建设步伐

高校在政府采购信息化平台建设方面仍处于初级阶段，整体信息化水平不高，加上各个高校的实际情况不一，目前全国尚没有软件公司开发出独立的囊括采购全流程的管理系统，导致高校采购部门在选择时无所适从。高校应建立信息化的内部管理系统，动态跟进每个项目的采购情况，然后在此基础上，开发电子开评标系统、专家管理系统、供应商管理系统，并完善采购预算及计划管理、合同管理、档案管理、数据分析等功能，通过信息化手段加强对采购活动的动态监督，提高采购活动的透明性，增强高校采购内控管理水平。如有条件，全国高校也可建立一个集中的信息化平台，将采购结果、专家库、供应商库全国共享，进一步节约采购成本，提高采购效率和质量。

(四) 建成一支高素质的政府采购队伍

高校应以专业性、服务性和廉洁性作为队伍建设的核心宗旨，建立一支具备较高素质的政府采购队伍。对于采购部门工作人员，应定期组织相关法律法规和业务知识的学习，将"请进来"和"走出去"相结合，创新培训形式，充分利用校外调研、校内座谈以及交流讨论的机会，提升专业技能和业务水平。对于采购评审专家，应集中开展相关法律法规以及评审要求的培训，还可以通过案例分

析、专题讨论和模拟招标训练等方式来拓展思路，提升评审能力，把握好采购过程中的关键环节。

（五）建立监督管理长效机制

高校政府采购监管体系是一个非常复杂的系统，监管主体有财政部门、监察部门、审计部门等，监管客体不仅包括采购人、供应商、评审专家等采购当事人，而且涉采购预算及计划、资金支付、合同履约及验收等采购环节。高校应严格按照内部控制管理相关要求，确保采购计划制定与预算审批、招标文件制定与审核、合同签订与验收、预算审批与付款、采购执行与采购监督等不相容岗位相互分离；还要确立不同岗位间制衡原则，要在事前、事中、事后分别采取有针对性的监管措施，对采购形成共同约束的全方位监管体系。

◎ 参考文献

[1]教育部直属高校经济活动内部控制指南(试行)(教财厅[2016] 2号).

[2]吕汉阳，史丁莎.美国政府采购法律体系简介[J].招标与投标，2016(9)：44-46.

[3]常青，沈友娣.高校内部控制规范的实施障碍与改进对策[J].苏州大学学报(哲学社会科学版)，2016(6)：122-128.

[4]罗青，刘盈.中美政府采购制度之比较与借鉴[J].经济与管理，2008(12)：30-33.

[5]郑晓明，郑召义，王继强.国外政府采购监督机制对我国高校政府采购内控管理的启示[J].实验技术与管理，2019(7)：274-276.

美国科研机构设置管理机制及对武汉大学实践的启示

何小丹

(武汉大学卫星导航定位技术研究中心)

随着科学技术的迅猛发展，国际竞争日趋激烈，科技创新能力已经成为衡量一个国家综合竞争力的重要标志，而各层次的科研机构在国家创新体系中作为骨干角色发挥着引领性作用。高水平科技创新能力是一流大学的显著特征，作为"人才培养、科学研究、服务社会和文化传承与创新"高校四大基本职能之一，科研工作始终贯穿高校各项日常工作之中，是高校完成上述基本职能的推动力和重要保障。一流的高校离不开一流的科研工作，而一流的科研工作首先要有一流的科研机构和一流的科研人才作为支撑。在党的十九大报告中也提出，要坚定实施科教兴国战略、人才强国战略和创新驱动发展战略，高校作为实践国家核心发展战略的重要载体之一，是科技创新和人才培养的第一方阵，尤其是一流高校，在其中发挥的作用可谓不言而喻。高校科技创新活动主要依托和立足于国家实验室、国家工程(技术研究)中心及国家大学科技园等实体科研机构实现，如何科学合理地设置各层次科研机构，整合资源优势，最大限度地发挥各层次科研机构在高校科技创新中的引领作用，带动一流高校和一流学科建设，成为我们目前需要思考的重要问题。

2019年夏天，笔者非常有幸参加了武汉大学第三批青年管理干部赴美研修团，在斯坦福大学、加州大学伯克利分校、加州理工学院、南加州大学、加州大学洛杉矶分校等美国一流大学进行为期21天的研修学习和培训。作为高校科研机构管理人员，对美国一流高校的顶尖科研机构管理和设置特别感兴趣，在研修学习、收集资料的基础上撰写此文，拟学习借鉴美国顶尖高校科研机构运行和科研团队管理经验，尤其是国家级科研机构建设的成熟经验的基础上，浅析如何吸收可用经验为我所用，为"双一流"高校建设背景下高校科研机构设置与管理机制创新提出一点浅见。

一、美国科研机构设置、管理发展概况

作为世界科技头号强国的美国，经过多年的积累和多项计划、改革政策的实施，科技水平得到了迅猛发展，在武器研究、火箭技术、生物工程、材料科学、医学、计算机等许多领域都处于世界领先地位，同时也建立了一套相对成熟的国家科研机构管理制度和运行机制。在科技水平发达的美国，各学科方向的研究机构数量繁多，主要可分为四种类型：政府科研机构、高等院校、工业界和其他非营利机构。其中，政府科研机构是美国科研活动的基础力量，有720多家，政府支持的科研机构隶属20多个不同的政府部门，美国并不像国内一样设置科技部，其科学院、工程院和医学院不从事具体的科学研究，与科研活动关系最为密切的是美国国防部、能源部、商务部及美国国家航空航天局（NASA）、美国国家卫生研究院（NIH）和国家科学基金会（NSF）；高校科研机构、工业界的科研机构及美国州政府和地方政府建立的科研机构、非政府组织或私人建立的科研机构等。工业界支持的科研机构，其主要功能在于研发和技术创新，比如苹果公司、通用电气公司均设有知名的研发机构。

与高等院校关系最密切的当属国家实验室这一类，国家实验室是国立科研机构的重要形式，应国家重大和紧迫的战略需求而建立，顺应科学技术自身发展的需要，最重要的特点是其科研方向明确，目标与使命定位准确且具有前瞻性，很大程度上体现了国家意志，多以明确的国家任务为目标，通过多学科交叉集成，解决事关国家安全和经济社会发展全局的重大科技问题。与中国一样，高等学校是美国科学研究和科技创新的中坚力量，主要从事基础科研工

作，在美国 4000 余所高等院校中，有条件从事科研的研究型大学有 700 多所，美国许多著名的国家实验室、多领域交叉的杰出研究中心均设立在美国高水平研究大学内，由大学和相关部门共同管理，例如我们此行到访的加州理工学院（Caltech），其就受美国宇航局授权管理著名的喷气与推进实验室（JPL），加州大学伯克利分校（UCB）代管美国著名的劳伦斯伯克利国家实验室，知名学府麻省理工（MIT）拥有美国大学中第一个从事大规模、跨学科、多功能技术研究的林肯实验室。以到访的喷气与推进实验室（JPL）为例，它是一个由美国政府提供资金的科研机构，由加州理工学院受NASA 委托进行管理，喷气与推进实验室所进行的科研项目中包括伽利略木星探测任务和火星漫步者计划，它已向我们太阳系中的每个行星都发射了无人探测器，喷气与推进实验室还进行了对地球准确测量的任务，控制着全球的深空探测网络，以及包括火星探测轨道卫星、火星科学实验室等，以上种种探索性、前沿性计划的实施，均反映出美国在世界科技发展中的引领和前瞻性角色，也很好地体现了国家意志。

在管理方式上，美国国家实验室主要采用了"国有国营"（Government Owned-Government Operated，GOGO）和"国有民营"（Government Owned-Contractor Operated，GOCO）两种运行模式。国家实验室中采取"GOGO"方式管理的实验室数量越来越少，能源部17 个国家实验室目前有 16 个采用"GOCO"的方式委托给大学或非营利科研机构管理。同时，美国政府更加强调国家实验室的共享和开放。

在科研机构设置和管理特点上，美国国家实验室都是跨学科、多部门的综合性大型实验室，一般具有以下几方面的特点：（1）多学科综合布局。学科之间既独立研究又互相补充，充分利用学科之间的交叉性，最大限度地实现双赢甚至多赢。（2）组织跨学科的大科学研究项目和工程项目。国家级科研机构的最大优势在于优势集合各学科的精兵强将在学科交叉点上寻找共同感兴趣的研究课题，深入激发科研创新能力，有效带来科技领域创造性的改变。（3）研究项目与课题具有实效性和针对性，同时具有多元化的研究计划，项目评估体系完善，且注重技术的转让。（4）人力资源方面，科研活动与人才培养紧密结合，互作平台，互为吸引，形成良性循环。人员编制管理灵活，大致分为固定编制和流动编制人员，同时，以研究性大学为依托的实验室多了教员（Faculty）的分类，例如，伯克利国家实验室由伯克利大学主持运行，其人员中有教员，也有研究生在科研机构学习工作。喷气与推进实验室（JPL）的成员，除业务运作人员外主要分为科研人员（Scientists）和工程技术人员（Engineers）两类，两者有明确的分工和不同的考核标准。目前，国内研究性大学中国家实验室、国家级工程中心等科研机构中的人员分类已与美国科研机构逐渐趋同，人员管理逐渐以科研项目和平台为牵引，激发了科研人员的积极性与主动性。

二、美国应对最新国际形势作出的决策

目前，全球范围内新一轮的科技革命加速兴起，高校加强引领科技创新，抢占科技创新战略制高点显得尤为迫切。美国、欧盟、日本、韩国等发达国家和其他新兴国家相继提出了应对最新国际科技发展形势推出相应的国家创新战略，基本上以围绕加强基础研究，吸引全球顶尖人才，提升教育质量，加强重大科技装备和设施等方面展开，最重要的目的无非是求得在国际竞争中的主导权和话语权。

据 2019 年 9 月新华社《瞭望》新闻周刊报道，美国政府近日发布了一份《2021 年财政政府研发预算重点》备忘录，列出五大研究方向和五大重点举措，以确保美国在国家安全、新兴产业、能源环保、生物健康和太空探索等领域保持领先。这一备忘录的出台，预示美国觉察到了来自全球其他国家科技创新的压力，正在积极谋划和布局新的科技制高点，同时体现了美国政府目前在科技领域"重竞争、轻合作"的特色，为了保证被其列为首位的"美国安全"，美国政府将在与国家安全有关的四大领域加大科研投入力度，包括先进的军事能力、关键基础设施恢复能力、半导体、关键矿产等。同时第二大科研方向是关于未来新兴产业，包括人工智能、量子信息

科学与计算、先进通信网络和自动化及先进制造业，即智能和数字化制造及先进工业机器人技术等。这一大方向对于未来主导的人工智能、量子计算、5G、自动驾驶、机器人等领域均有涉及，是以占据未来世界科技主导地位而设立的科研方向，体现了明确的国家意志和特点。尤其值得一提的是，该备忘录还提出了实现上述五个科研方向需要落实的五大重点措施：打造多元、高技能的科研人员；创建并支持反映本国价值的科研环境；支持高风险、高回报的变革性研究；利用数据的力量；构建、增强和扩展战略性多部门合作等。五项措施思路清晰，条理有序，在目前我国深度参与国际竞争，同时面临严峻的国际形势下，可以为我国目前如何正确提升科研创新能力、改革国立科研机构设置和实现管理机制创新提供一些新的思路。

三、美国高水平科研机构设置管理机制对"双一流"高校科研机构设置管理的启示

2016 年 11 月教育部发布的《高等学校"十三五"科学和技术发展规划》中提出：坚持科教融合、支撑高质量高等教育，科教融合是现代高等教育的核心理念，支撑人才培养是高校科技工作的内在要求。促进世界一流大学和一流学科建设，推动高水平大学牵头组建若干国际领先的国家实验室、重大科学基础设施和一批高水平协同创新平台，成为世界一流大学和一流学科建设的战略制高点。同时，瞄准国际科技前沿，以国家目标和战略需求为导向，在高校培育和建设若干高水平国家实验室，形成引领科学前沿发展，为解决重大科学问题和共性关键技术提供长期战略支撑的创新能力，成为国际一流的创新高地等，已经着力表明"十三五"时期是我国高校科技工作迈上新台阶、实现重大发展的重要战略时期，高水平研究型大学也迎来了改革转型、提升科技创新能力的关键时期。作为高校科研管理工作者，我们必须紧紧抓住这一关键机遇，审时度势，牢固树立教学决定生存，而科研决定水平的发展理念，着力思考如何整合、利用优势学科和人力、物力、财力资源，设立面向未来科

技发展、引领国家先进科技发展方向的科研机构。

在近几十年的努力和发展下，武汉大学现已拥有 4 个国家重点实验室、2 个国家工程技术研究中心、2 个国家野外科学观测研究站、2 个 2011 协同创新中心、1 个国家高端智库、9 个教育部重点实验室及 5 个工程研究中心和 7 个人文社会科学重点研究基地、1 个教育部国际合作联合实验室，另还有部（局）级研究基地、省部共建研究基地、省级工程技术研究中心、产业技术创新基地等 75 个，校建平台 21 个。对于武汉大学这样一个拥有 6 万多名师生规模的综合性研究型大学来说，国家级研究平台数量少，在近些年的国家重大科技基础设施建设、国家重大专项和核心科技领域竞争上显得力量薄弱，显示度不够，竞争力不强。在前不久举行的武汉大学"双一流"建设中期自评会上，学校总结了已经取得的部分成就，肯定了大学服务国家战略和经济社会发展是建设高等教育强国、增强大学自身发展活力的必然要求，但更多的是看到了隐藏的问题和努力的方向，指出了研究方向对接科技前沿和国家重大需求的聚焦不够；反映科技规模和水平的核心指标增速不快；高层次人才尤其是大师级领军人才不多；立足国际前沿研究的主动意识不足；研究范式的整体转型步伐较慢等。

武汉大学第九次党代会报告指出：要全面提升科研水平，不断增强创新引领力，厚植崇尚学术、追求卓越的氛围，建设基础强劲、高峰汇聚的自然科学研究基地。着力打造科研平台，优化国家级重要科研平台管理体制机制。为达到该目标，我们应该如何一步步脚踏实地行动起来，落实下去，成为我们目前的首要问题。结合美国科研机构设置管理和建设经验，排除国家基本体制因素，结合我们国家和武汉大学自身的发展特点，我们大致可以总结借鉴的有以下几点：

（1）明确国家发展需求和使命，准确定位高校科研机构，配套支持落实到位。武汉大学在建设"双一流"高校过程中应注重整合优势学科力量和各方资源，着力打造高校国家级科研平台，加强高校国家重点实验室和科技攻关大平台建设，调整现有科研机构的数量、结构、布局和研究方向，面向国家战略需求和"卡脖子"关键技术，寻求长期发展发力点和牵引点；根据新兴学科和交叉学科需要，着力培育申报新的国家重点实验室和国家级科研平台，改变过去各类科研机构条块分割、资源分配不均、分散重复的局面；对于能出成果、敢于引领科技创新的机构予以优势资源分配，综合国家、地方政府、本校和社会力量保障科研机构建设投入，保障高水平科研平台持续高效运转。

（2）面向国家战略，加强有组织的科研，提升整体科研实力。发挥各科研机构平台组织作用，对于有明确国家重大需求目标牵引和良好研究基础的领域，要引导促进跨学科、跨机构组建紧密合作的研究团队重点攻关，力争承接重大科技项目、协同攻关重大科技问题；以引领未来科技发展的人工智能、量子信息科学与计算、先进通信网络和自动化及先进制造业等方向为牵引点，加强优势学科深入融合交叉；面向国家需求，组建重大项目人才团队，以高水平科研平台吸引人才，培养人才，留住人才。

（3）优化科研机构人力资源管理，培育有利于科技创新的科研团队文化。科研机构人员管理可采取固定和流动结合的方式进行，鼓励以非固定方式选用人员，在加强竞争压力的同时鼓励培养和选拔，畅通科研机构各类人员的晋升通道，给予有竞争力的配套支持；培育有利于科技创新的团队文化，适当建立容错机制，增加科研团队黏性和吸附力；吸纳多样化的科研团队人员，实现知识结构、思维方式、人文素养的优势互补，提升团队凝聚力。

（4）选拔专业化背景、具有服务和竞争意识的科研管理服务团队。构建高效的科研团队，需要一支匹配现阶段科研机构设置并有发展和竞争意识的科研管理服务队伍，而非传统的高校行政管理人员。要求科研管理服务人员具有各领域的专业技能和知识背景，最大限度地为科研人员从事科学创新研究解除束缚，同时还能提供有效的业务辅助；人员应定期公开化招聘和选拔，以最大限度匹配岗位发展的能力素质要求，服务"双一流"高校高水平科研机构建设。

◎ **参考文献**

[1]李志民. 美国科研机构概览[J]. 世界教育信息，2018（5）.

[2]杨登才，朱相宇，韩宇. 面向协同创新的高校科研管理机制之国际比较与借鉴[J]. 北京工业大学学报(社会科学版)，2016(1)：65-70.

[3]任波，侯鲁川. 世界一流科研机构的特点与发展研究——美国国家实验室的发展模式[J]. 科技管理研究，2008(11).

[4]教育部. 高等学校"十三五"科学和技术发展规划. 教技[2016]5号.

[5]美政府提出五大科研方向、五大重点举措，新华社，2019-09-06.

[6]立德树人　求真务实　奋力开启中国特色世界一流大学建设新征程——中国共产党武汉大学第九次代表大会报告.

[7]武汉大学官网，https：//www. whu. edu. cn/xxgk/tjgl. html.

[8]NASA JPL 官网，https：//www. nasa. gov/centers/jpl/missions/index. html.

"以本为本"背景下本科课堂教学评估优化路径探析

——基于美国高校课堂教学评估的调查研究

陆晗昱

（武汉大学本科生院）

一、引　言

近年来，我国高等教育跨越式发展，十九大明确提出建设教育强国是中华民族伟大复兴的基础工程，必须把教育事业放在优先位置。2018 年 6 月，教育部召开"新时代全国高等学校本科教育工作会议"，提出坚持"以本为本"，推进"四个回归"，全面振兴本科教育。2018 年 10 月，教育部发布《关于加快建设高水平本科教育，全面提高人才培养能力的意见》（教高〔2018〕2 号）①，被称为"新时代高教 40 条"，文件提出"本科教育是提高高等教育质量的最重要基础"，并指出建设高水平本科教育的指导思想和目标原则之一是"高等学校质量督导评估制度更加完善，大学质量文化建设取得显著成效"，将大学教育教学质量和保障教学质量的督导评估制度提升到前所未有的重视高度。陆续召开的会议和出台的文件精神处处体现着党和国家重视和发展本科教育的坚定决心。从教育发展的

---

① 中华人民共和国教育部网站：《教育部关于加快建设高水平本科教育全面提高人才培养能力的意见》（教高〔2018〕2 号），2018 年 10 月 8 日，http：//www. moe. gov. cn/srcsite/A08/s7056/201810/t20181017_351887. html.

实际情况来看，我国高等教育规模近 20 年来不断扩大，1999 年全国各类高等教育在学总规模 719 万人，2018 年达到 3833 万人①，普通本专科招生数也从 1999 年的 159.68 万人升至 2018 年的 791 万人②，如此大规模的大众化时代高等教育所面临的亟待提升和解决的主要问题之一是教育教学质量的切实提高和有效保障。

教育部高等教育司 2019 年工作要点中指出培育、打造"金专""金课"，建设一流专业、一流课程，着重强调教学质量文化建设，要求"将质量文化内化为全校师生的共同价值和自觉行动，形成以提高人才培养水平为核心的质量文化"③。相对应的，还提出建设"一流师资"，突出基层教学组织提升教师教学能力和育人素养的职能，大力提升教师教学水平。一流的专业和课程与一流的师资不可分割，相辅相成，有效的教学质量评估不仅能够保障教学质量，还是促进教师教学发展，激发基层教学组织活力的推进器。因此，如何把诸多教学要素在教学实践中更好地联系和运行起来，教学质量评估中课程评价体系的搭建至关重要。美国高校在教育教学实践过程中对本科课堂教学评估的探索对我国高等教育本科教学质量文化建设有启示意义，本文通过分析美国部分高校课程评估工作的发展，尝试分析优化我国高校本科教学质量评估课程评价体系的有效机制和路径。

---

① 余俊杰、张云龙：《2018 年全国各类高等教育在学总规模达 3833 万人》，新华网，2019 年 2 月 26 日，http：//www.xinhuanet.com/politics/2019-02/26/c_1124165826.htm.

② 国家统计局网站：《中华人民共和国 2018 年国民经济和社会发展统计公报》，2019 年 2 月 28 日，http：//www.stats.gov.cn/tjsj/zxfb/201902/t20190228_1651265.html.

③ 中华人民共和国教育部网站：《教育部高等教育司关于印发〈教育部高等教育司 2019 年工作要点〉的通知》（教高司函［2019］21 号），2019 年 4 月 19 日，http：//www.moe.gov.cn/s78/A08/A08_gggs/A08_sjhj/201904/t20190426_379670.html.

二、美国高校课堂教学评估的内涵、分类、作用与局限性

(一)内涵

课堂教学评估基于其不同用途，内涵也有所不同，具体可以分为以下三个方面：

第一，用于教师职称评定的教师教学评估，为教师任期、晋升等人事决策提供信息。此类评估以数据为主要呈现形式，较少展开问卷调查，主要展示教师教学工作量和所获教学成就。这类评估有的为教学评估中心出具报告，有的是同行给予评语，但很多时候同行评价难免流于形式化。

第二，用以建立问责制度。教学质量评估包含了学生的批评，反映了课堂教学中存在的方方面面的问题，对评估数据进行整理和分析能够掌握课堂教学中发生的各类责任事故(情况)，从而追责、问责。此类评估相对可靠有效、实用而具有多维度。

第三，用以提升教学质量的课堂教学评估。这种教学质量评估是指对教学质量的评价体系，一般由学生在学期末、课程完成时，以填写问卷的形式针对课堂教学情况和学生学习效果展开评价。学生评教在每一所美国大学几乎都是存在的，部分高校是强制性填写，部分高校自愿填写，很多大学还把学生对教师教学的评价记录在教师档案之中。美国高校教学评估的评价对象不仅包括教师，还有课程助教；评价主体则经历了一个演变过程，以课堂教学效果评价为主逐渐发展为在此基础上更注重评估学生学习效果，展开对教与学的双重评价。本文即探讨该项含义。当然，指向课堂教学的评价不仅仅由校方开展，无论在美国还是中国，学生对课堂教学会进行私下评论，哪位教师的课程更有用，哪位教师的讲授更融会贯通、有利于理解等，学生会在不同媒体平台形成非正式的教学评价体系。

(二)分类

美国高校按照课堂教学评估内容的重要性程度，一般将评估问卷分为核心类别和补充类别。主要有以下几方面：核心类别包括教师参与和教师实效性、课程组织和课程内容、学生责任感与学生学习效果、课程综述和总体评论；补充类别包括包容性和风气、学习成果和技能培养、远程教育和混合式学习情况等。每种内容分类都具有可细化的丰富内涵（详见附表）。评估中可选择的反馈通常是激烈程度不同的词语，如强烈反对、反对、中立、同意、赞同；总是、经常、有时候、偶尔、基本不，等等。

(三)作用

课堂教学评估最终服务于教与学。以加州大学洛杉矶分校为例，其管理机构中专门设立教育评估中心（Center for Educational Assessment）将课堂教学评估细化甚至"定制化"，帮助教师确定可行的评估策略，以促进学术项目的开展、教学质量、学生学习等各项教学工作的发展。其核心任务是为教师提供咨询支持，帮助他们制定和实施有意义的、可持续的评估计划，以更广泛地评估教育项目和教学经验。可见，课堂教学评估的职能使其与教师教学发展工作紧密联系，对推动教师提升教学技能有着重要的促进作用。

(四)局限性及应对

近年来，美国高校课堂教学评估逐渐从教师满意度评价转变为学生学习评价。事实上，评价教学效果是各个美国大学一直面临的难题，究竟如何确定在教学方法、教学环境、教学规模等各个变量改变的情况下，具体效果有了怎样的变化？许多教师不断尝试新的教学方法，并坚信提高了学生的学习效果，然而对此如何评估，依旧是众说纷纭。此外，在评价学生学习情况时，实际上各种做法都有其局限性，因学生学习的专业性质不同，各个专业的教育实际情况不同。所以对于学生学习效果的评估，是要根据人文、社科、理科、工科、医学等不同学科门类和专业的学科性质设计不同的测量方式和内容，而不是用同一个标准衡量不同院系专业学生学习收获的较高或较低，因此美国许多高校设立了专门的教学评估中心，研究共性和个性化评估问题。例如，加州大学洛杉矶分校教学评估中心（CEA）的主要职责之一是设计适用于所有本科专业教学评估调查问卷核心问题，以及研究不同专业的学科性质和教学特点，从而建立多学科教学差异性评价问题库，使问卷包含符合专业特色的评估问题，这种建立跨专业、跨课程的个性化或自定义问题选项是目前美国高校课堂教学评估的发展趋势。

此外，为避免出现不客观的课程评价和降低课程不及格比例，美国部分高校允许学生在最后几周前取消所选课程，且免缴该门课程学费。

三、美国高校课堂教学评估的实施原则和注意事项

（一）实施原则

美国高校规定了实施课堂教学评估工作的各项原则：

首先，评估的指导原则是力求可比性。对于跨学院（系）的核心问题，可以使用统一评价标准。

其次，评价需要力求体现课程和教师教学效果的证据。例如，教师表达清晰评价，需落实到是否清楚地陈述了课程和学习目标；学生理解情况评价，即学生是否理解了课程目标；教学目标实现评价，即教师是否完成了目标，学生是否达到目标。

再次，评价中允许一定的灵活性和对定性数据加强采集。各部门和教师可以在评估问题题库中选择附加问题进行自定义评价；学

生完成评价的时间没有限制；并鼓励突出教学革新的开放性问题，例如教师是否使用了革新性教学法，该方法对学习有效与否等。

最后，评估结果应提升教师的响应度。教师应展示其如何使用评估数据提升其教学效果与课程质量，并将课程评价放在教学工作的具体语境下，强调其如何回应这些结果。

(二) 核心管理问题和实施注意事项

第一，强调学生的使用与参与，即通过强调学生的贡献，鼓励更广泛的学生反馈和扩大评价的影响，并考虑同意学生阅览评估结果。

第二，强调数据的精准性，即力求通过激励机制和干预（如通过邮件提醒、参与要点呈现等）确保较高的响应度，认识到所有响应度阈值数据的重要性。

第三，强调教师报告与结果阐释，即协助教师查阅评估报告，并提供解释评估结果的基本准则。

第四，强调管理与易用性，即确保全校范围内的教学评估修订工作得以实施，并加强构建自定义选项。

四、美国部分高校本科课堂教学评估制度 及实施工作对比分析

加州大学系列部分分校和其他公立大学及各教育机构在进行本科课堂教学评估实践过程中，逐渐总结出课程评估体系应以评估学生的学习效果为首要目的，而非对课程的综合满意度评估。美国不同高校在践行这一认知、实施课堂教学评估过程中对评估问题的设置、是否包含学习效果评价、是否与学生组织开展合作、是否与学生分享结果以及时间周期安排等内容，有着不同的侧重。具体情况如下表：

美国部分高校本科课堂教学评估制度对照表

	加州大学伯克利分校	加州大学尔湾分校	加州大学圣地亚哥分校	加州大学圣塔芭芭拉分校	密歇根大学	弗吉尼亚大学	威斯康星大学	斯坦福大学	达特茅斯学院
结构	非统一/因地制宜	统一	统一	统一	统一	统一	非统一/因地制宜	统一	统一
部门/教师自定义问卷和问题长度	从问题库中选题，但两个必须包括；必选设定问题约15个	17个标准化问题	30个标准化问题，但可以增加附加问题	全部为自定义问题，最多可达42个	可自定义最多达30个平分问题，5个开放性评论问题，必须包括11个核心问题	可自定义，但需包括7个"教务长"问题	约30个标准问题，但需提出附加问题	可自定义，包括9个常见问题	22个标准问题
学习评估	有			有	有		有	有	有
学生参与	无	与学生会合作	学生管理	无	无	学生议会评估游说变革	无	无	无
学生分享结果	酌情决定	分享定量结果	是	否	否	65%的结果分享	否	是	教师自定
时间周期安排	3周	酌情决定	2周	未指明	2周	酌情决定	酌情决定	2.5周	5周

注：资料来源于加州大学洛杉矶分校教育学院提供的美国高校教育评估中心对加州大学尔湾分校、加州大学伯克利分校、加州大学圣地亚哥分校、加州大学圣塔芭芭拉分校、密歇根大学、弗吉尼亚大学、威斯康星大学、斯坦福大学和达特茅斯学院等9所高校学期末课程评估的统计信息。

部分学校有较统一的评价标准,不过各学院(系)有一定的自主裁量权;有的学校的做法是让各学院(系)因地制宜,从学校问题库中自行选择问卷题目,自行组合形成问卷;也有由部门或教师自定义的问卷。但是总的来说,会遵循一套所有评价问卷须包括的常见核心问题。一些学校的问卷包括更具体的着重强调学习效果评价的问题;另一些学校与学生密切合作,尊重他们的评价权威。而有关学校对于是否向学生公布评价统计结果的态度则是不同的,且各高校的课程评价管理安排的时间周期也不尽相同。标准化评价问卷包含的问题数量 7~42 个不等,大多数问卷包含的问题为 15~30 个。

五、美国部分高校本科课堂教学评估体系的实施和修订

美国各高校本科课堂教学评估体系并非一成不变,其理念随着高等教育思想的发展而发展,在实施中也是随着课堂教学观念及教学技术等教学因素的改变而不断修订。以加州大学伯克利分校和斯坦福大学为例①,这两所学校对学期末课堂教学评价体系进行过全面修订,其改革过程中有不少实施亮点。

加州大学伯克利分校于 2008 年组织了课堂教学评价团队,该团队成员来自全校范围,基于对当时评价实践的检讨,该团队给予了改进意见。随后,学校建立了在线课程评价指导委员会(Online Evaluation of Courses Steering Committee)来监督改进意见的实施。指导委员会对照兄弟院校的评价实践,审阅了本校正在使用的调查问卷,并由教师组成的专门小组重新修订了评价问卷,以供新的在线调查系统使用。学术评议会下属的教学专委会再对问卷中的问题进行补充和修订。其后,指导委员会选定学院(系)参与试点项目,包括对比现场填写答卷和在线填写答卷的异同等。委员会还确定了

---

① 案例内容来源于在美国加州大学伯克利分校、斯坦福大学及加州大学洛杉矶分校调研交流期间对有关人员采访询问及对方提供的相关材料。

使用在线评教系统的要求，并通过尝试最终版确定蓝本。2013 年秋季，伯克利教育技术服务部门发起了一个小规模的新系统使用推介活动。

斯坦福大学于 2012—2013 年，由教务长召集课程评价委员会（Course Evaluation Committee）开发了一套全新的以学生学习效果为核心的课程评价体系。评价委员会评阅了来自教师、调查数据、学生焦点小组、其他学校和教育机构实践和相关学术研究综述提供的信息；以学生焦点小组的建议为基础，形成一个调查问卷的初步草案，之后由委员会调整，以体现和反映教师评价和文献研究的成果。教学质量评估委员会开发了两套问卷模型，一套内容较长并以闭合型问题为主，另一套内容较短并以开放性问题为主（两套问卷模型都包含着两类问题），二者都比当时现行的评价问卷内容短。此后，通过让学生试用问卷调查表，并征求教师们对于问卷结果的反馈意见之后，委员会再进一步修订，最终提出了一套有 17 项内容的新评估表（之前的评估表有 34 项内容）。这种安排建立在一个假设基础上，即教师们愿意遵循建议安排不超过 4 个学习目标、5 个课程的教学板块。课程评价指导委员会建议提供较长的时间来完成评价，从之前在学期末所有课程结束的最后一周在课堂上当场填写调查表，变成期末考试结束之后的两天内完成填表。学生完成了评价表之后，在截止日期前可随时修改。

完成课堂教学评估体系的修订后，即试运行，在基础评估问卷基础上，开发包括人文、生命科学、物理科学和社会科学四个领域课程的试点评估问卷，并确保阶段涵盖高阶和低阶课程、大型和小型课程，以及通识课程和主修课程。其后，招募至少 20 名（确保有效性）终身教职员工做志愿者，对其展开评估。最后组成包括教师和完成答卷学生的课题组，评估实验评价所获得的数据和结果。值得一提的是，为激励教师参与试点评估，给予其小额奖金和礼物，同时给教师寄感谢信，感谢他们的帮助，表明其协助对教学和业绩评估有积极正面的作用。

六、结语：关于中国高校本科课堂教学
评估优化路径的思考

(一) 以发展的眼光界定课堂教学评估的内容和对象

中国高校课堂教学评估在评价内容和对象的认知上主要存在以下三个方面的问题：首先，多年来侧重对教学效果展开评价，即主要评价教师教学水平、教学方法的运用和教学效果，虽然也涉及一些学习效果评价，但缺少对学习效果评价体系的系统设计。其次，评教对象主要为课程主讲教师，在中国高校广泛实行本科教学课程助教制的背景下，助教已广泛地参与各种类型的课堂，他们随堂听课，协助主讲教师完成课堂教学、组织课堂讨论、开展课堂观察和设计，是影响课堂教学质量和学习效果的重要因素；助教大多为在读硕士、博士和青年教师，青年教师通常为新入职教师，助教期间老教师发挥传帮带作用，培养这批青年教师日后走上讲台承担主体教学任务，所以评教工作中对助教开展评价有利于推动助教对课堂的深入理解和促进其教学水平的提高。再次，国家精品在线课程、MOOC 课程等线上教育正如火如荼地发展着，中国高校学生包括广大社会人士对在线课程有着越来越多的关注和参与，线上课程获得上线资格前需经过严格的筛选过程，教学效果受到广泛认可，但在学习效果和收获上，高校层面却较少对其展开评估和督导。

纵观美国高校对教学评估内容和评价对象的认知是有一个发展过程的，中国高校在"以本为本"、建设一流本科教育思想的引领下追求教育质量、追求培养更高水平的人才，就应该在教学质量保障体系的课堂教学评估上加强建设，既保障教师教学效果、促进教师提升教学能力，又保障学生学习效果、学习收获，努力激发教师"教"和学生"学"的双重动力。具体做法中，首先，应该用发展的思路优化评估内容，在评估体系中涵盖教师教学效果和学生学习效果评价，以此观念为导向，组织团队设计高质量的评价问题。其次，评价教学不仅包括教师评价，还应启动并完善助教教学评价，

以督促助教在协助教学工作中发挥更好的作用，使学生在课堂上获得更多的科学引导。最后，伴随我国网络在线课程和远程教育的飞速发展，线上教学资源质量评估也应获得高校更多的重视，建立相应的评价体系，以规范和保障在线教学效果与学生学习质量。

（二）建立更加科学、体现学科差异性的本科课堂教学评估体系

目前，中国许多高校在本科课堂教学评价体系中存在评价类目不明确、评教体系不分学科、不分专业的情况，即评教问卷中并不以评价内容的重要程度和不同评价内容模块划分类目，且大多高校全校不同本科专业使用同一版本的课堂教学评估问卷，忽略了因学科性质不同而产生的教学差异性，导致削减了评估可比性。

美国高校在课堂教学评价体系设置上，依照评价目的建立评价类别，并依照其重要程度的不同分为核心和补充性单元，为教学评估问题库起草标准化课程评估表、补充模块和可选的附加问题等。这种做法源于不同专业在学科性质、教学实践等方面有所区别，虽然通过核心类评估问题可以大致评价各专业教学和学习的总体情况，但学科性质的根本性差别仍使教学存在较大差异，如果一概而论，就会产生与教学实际质量不符的评价结果，从而降低评估的可比性和教师的响应度。故可赋予评估体系一定的灵活性，研究体现学科性质和实践特点的教学评价内容，设计针对不同学科的具体问题，设置补充性问题有所差异的不同问卷版本，或设置问题库，允许学院（系）或教师自定义选择（可规定选项数目）。此外，还可以设置一些激发教师教学改革的开放性问题，鼓励教师投入教研工作。

（三）加强课堂教学评估工作与教师教学发展工作的紧密合作

通过实地参访，知悉美国高校大多具有专门的课堂教学质量评估、评价中心，并与教师发展中心紧密合作。两个部门将评价结果与教学实践相结合，提供教师评教结果使用指导手册，阐述如何理

解和使用调查问卷数据以提升教学实效。教师发展机构则根据教学评估数据体现出的共性化教学问题，开展各类教学技能提升坊，在接待前往评估中心咨询改进教学方法的教师时，给予他们具体的改进建议。此外，各学院(系)针对各自收到的本院(系)教师教学评价结果反馈，也会组织侧重相应方面的教学提升坊，提高本院(系)教师教学水平，思考增强学生学习效果的应对策略，这种机构设置和工作制度有效衔接教学评估和教师教学发展，促进课堂教学质量的提升。

2011年7月我国教育部、财政部发布的《教育部　财政部关于"十二五"期间实施"高等学校本科教学质量与教学改革工程"的意见》提出："引导高等学校建立适合本校特色的教师教学发展中心，积极开展教师培训、教学改革、研究交流、质量评估、咨询服务等各项工作。"①各地高校陆续成立了高校教师教学发展机构，如教师教学发展中心、教学促进与教师发展中心等。这些促进教师教学发展的机构大多相对独立，虽然文件对其职能设定中涵盖"质量评估"，但教师发展中心所做的教学质量测评和培训大多并不基于评教数据，当然这也与评教数据本身的问题体现度和可比性相关。我国高校可在完善课堂教学评估工作的基础上，增强教师培训工作和课堂教学评估工作的合作，针对教师评价数据中体现的问题开展培训和咨询服务，并设计相应教学研究项目，提高教师教学研究与课堂教学能力。

(四) 建立本科课堂教学质量评价体系修订机制

我国高校使用的本科课堂教学评价问卷通常沿用多年，较少进行修订，或是修订力度较小，不能体现教学质量评价的新理念。美国伯克利分校和斯坦福大学本科课堂教学评价体系修订工作的启示

---

① 中华人民共和国教育部网站：《教育部、财政部关于"十二五"期间实施"高等学校本科教学质量与教学改革工程"的意见》(教高〔2011〕6号)，2011年7月1日，http://www.moe.gov.cn/srcsite/A08/s7056/201107/t20110701_125202.html.

作用是：课堂教学评价体系不是一成不变的，随着教育和课堂教学质量理念的发展而更新，定期修订，能更好地引导和保障课堂教学良性、科学发展。

从美国高校修订过程来看，修订课堂教学评价体系应注意如下几个方面：第一，组织建立课堂教学评价问卷修订机制，并设立委员会领导修订工作；第二，考虑更多的方法促进、提高学生的参与度，并允许学生也能获悉(一定限度的)评价结果；第三，选定一些院系作为试点单位，激励教师参加试点评估，协助修订评价模式。通过对课堂教学评价体系的定期修订，融入教育发展最新理念，使评估问卷成为体现"教"与"学"真实质量的有效载体，才能提升学生和教师对课堂教学评价的重视度，从而达到保障课堂教学质量的目的。

附件　美国高校本科课堂教学评估问卷不同类别问题示例①

类别1：教师参与和教师实效性

1. 教师是以有组织的方式呈现课程材料，有助于学生的学习。

2. 教师清晰地解释了相关概念。

3. 教师明确并坚持课程目标和要求。

4. 教师明确表达了课程学习效果的衡量标准。

5. 教师表现出对学生学习的责任心。

6. 教师促进了我对课程材料的理解。

7. 教师平易近人，有问必答。

8. 教师帮助我克服困难，解决问题。

9. 教师针对我的课业情况提供明确而富有建设性的意见。

10. 教师鼓励学生提问和参与。

11. 教师让整个班级融入富有成效的讨论。

12. 教师有效推行学术诚信和学科知识融合。

13. 教师尊重学生。

_____

① 笔者在加州大学洛杉矶分校学习交流期间，该校教育学院和教育评估中心所提供的教学评估材料。

类别 2：课程组织与课程内容

1. 课程组织方式有助于我的学习。

2. 课程拓展了我对学科的认识。

3. 课程拓展了我的能力和学科相关技能。

4. 课程作业和讲解相辅相成。

5. 课程考试和作业布置有助于提升学习。

6. 课程学习强度适中。（类似措辞）与同样学分值的其他课程相比，本课程的工作量：很轻、轻、正常、重、很重。

类别 3：学生责任感与学生的学习

1. 你上了多少节课(总体数量)？

(闭合型措辞)你上这堂课的频率如何：很少、有时候、大多数时候。

2. 每周花在这门课上的平均时间是多少，包括上课、阅读、复习笔记、写论文和其他课程相关工作量(总体小时数)？

(闭合型措辞)每周花在这门课上的平均时间为：少于 1 小时、1~3 小时、7~9 小时、10 小时及以上。

3. 我知道这门课程的标准和要求。

4. 我一直都为课程做准备。

5. 这门课激发了我对该学科的兴趣。

6. 这门课具有很强的智力挑战性。

7. 你对自己为这门课所付出努力的满意度为：非常满意、满意、中立、不满意、非常不满意？

8. 请描述在这门课上对你的学习最有帮助的活动(开放性问题)。

9. 你是如何积极努力的学习这门课程，有哪些经验和心得体会？(开放性问题)

类别 4：课程综述与总体评价

1.【综合考虑这个学科和课程的局限性和可能性】你如何给教师的总体实效性评定等级？

a. (选择范围)极其有效、非常有效、基本有效、效果甚微、毫无效果

b.（选择范围）优秀、很好、好、一般、不好

2.【考虑相关主题和课程的局限性和可能性】你如何评价课程的总体实效性？

3. 你认为本课程有哪些长处？（开放性问题）

（另一种措辞）请对教师的 1~3 个优点以及将来应继续保持的长处做出评述。

4. 你认为课程有哪些需改进之处？（开放性问题）

（另一种措辞）请列出 1~3 点教师应注意之处，以提高他的课程教学效果。

5. 你会给准备选此课程的学生什么建议？（开放性问题）

6. 这门课程上有多少学术不端行为：很多、一些、很少、没有我能识别的。如果可以的话，请描述所发生的学术不端行为（不用提到与此相关的特定学生）（开放性问题）。

类别 5：包容性/风气

1. 本课程培养了我与各种不同群体互动的能力。

2. 在这门课里，个体差异，包括种族和性别差异，都受到了认可和珍视。

3. 我感觉自己的观点得到了认可，也受到了同学们的尊重。

4. 我可以坦然地表示不赞同他人的意见，同时也能保持信任感。

5. 教师营造了一个互相尊重的环境。

6. 教师创造了一个开放且公平的学习环境。

7. 请举例说明教师如何营造/未能营造一个受欢迎的、具有挑战性的、获得学生支持的学习环境（开放性问题）。

类别 6：学习成果/技能培养

1. 本课程夯实了我关于世界的认知（例如，人类文化、社会、科学等）。

2. 本课程增强了我的社会责任感。

3. 本课程帮助我提高思维能力和水平（例如，批判性或创造性思维、定量分析、解决问题等）。

a. 本课程帮助我加强了定量分析的能力。

b. 本课程帮助我更好地理解书面材料。

c. 本课程提升了我在学科领域内的批判性或创造性思维能力。

d. 本课程帮助我理解研究过程。

e. 本课程加强了我做研究的能力。

4. 本课程发展了我的专业技能(例如，书面或口头交流、计算机素养、团队合作等)。

a. 本课程帮助我加强了写作技能。

b. 本课程帮助我增进了口头沟通技能。

c. 本课程加强了我协同合作的能力。

类别 7：远程教学、混合式教学

1. 教学模式很有效。

2. 教材提供了自主学习的空间。

3. 视频媒体资料有助于理解课程内容。

4. 网络资源有助于理解课程内容。

5. 音频媒体资料有助于理解课程内容。

(感谢加州大学洛杉矶分校教育学院琳达·罗斯教授与教育评估中心提供的教学评估材料。)

◎ 参考文献

[1] Center For Educational Assessment. University of California, Los Angeles [EB/OL]. https://www. teaching. ucla. edu/about/center-for-educational-assessment, 2019-07/2019-10.

[2] 郭强. 加州大学伯克利分校教学质量评估探究[J]. 清华大学教育研究, 2014(5)：103-108.

全过程打造品牌特色活动，
全方位增强师生校友联系
——以 UCLA"十二个陌生人的晚宴"活动为例

金　诚

（武汉大学校友事务与发展联络处）

当前，随着经济全球化和校友全球化的不断扩展，世界一流大学在教学、科研、服务社会三大职能上的影响力已远远突破了传统大学的地域和时间限制。一流大学的业务规模和覆盖面越来越庞大，既通过终身教育和终身学习为高校内外人士的能力提升和全面发展提供相匹配的学习机会，又通过创新创业实现了对经济发展和社会进步的不断推动，进而还从不断提升的社会关注中得到了学校及师生发展所需要的资金、信息、资源等各方面的支持，从而最终实现各方的共赢。笔者于 2019 年 7—8 月赴美国旧金山和洛杉矶进行了为期三周的研修学习。通过对美国一流大学学校及校友工作的深度访谈和深入思考，发现美国公立和私立一流大学都正在推动学校整体发展进入一个新的发展阶段，即师生校友的个人发展和事业发展与学校发展深度融合的"校友—学校发展共同体"阶段。体现在具体执行中，该发展共同体则是要根据时代和社会发展的需要，由学校师生与校友一起，积极主动地去创新各类特色平台和特色服务，从而将师生校友的信息和资源与学校发展融为一体，结成牢固的共同体。本文以加州大学洛杉矶分校（以下简称 UCLA）的"十二个陌生人的晚宴"（Dinners for 12 Strangers）这一有超过 50 年历史的特色校友活动为例，详细介绍其代表性举措，分析这一历史悠久的活动在"校友—学校发展共同体"建设中的作用，并以此为例介绍其值得国内高校借鉴的思路与举措。

一、"十二个陌生人的晚宴"活动概述

世界一流高校教学、科研、服务社会的职能，已经在当今信息化社会得到了更为广阔的边界拓展。但归根结底，其核心的因素还是人，核心任务还是了解人的需求，为人服务，并以此来带动学校和每个关联个体的共同发展。因此，当前各大高校都在大力发展校友与学校密切交流的工作体系，寻求更多、更有效的紧密联系。这其中，UCLA 的"十二个陌生人的晚宴"就是一个非常富有成效的活动形式。

"十二个陌生人的晚宴"创立于 1968 年，迄今已有 52 年历史，是 UCLA 最传统也最活跃的师生和校友聚会活动。其活动口号是"Sit down strangers, Stand up as friends"。每年在选定的三个晚上中的一个，全球各地的校友、教职员工和学生们聚在一起享受美食并畅谈。根据 UCLA 相关负责人介绍，该活动一直都非常受师生和校友的欢迎，仅在 2019 年就举办了 500 多场晚宴，有 3700 多名师生、校友参加。该活动分为两种类型，第一种是在洛杉矶地区，以在校师生为主，仅限于在洛杉矶地区的校友参加，以最大限度地减少学生的交通问题。其中如果校友是 UCLA 研究生毕业，还可以注册主办 12 名研究生的晚宴，从而将在校研究生与校友联系起来。第二种则是在洛杉矶以外，以校友聚会或是出差的师生与当地校友聚会为主。由有意向的发起人或出差的导师在网站上登记以发出邀约，并可限定或不限定参与校友的专业或地区。希望参加晚宴的校友可以登录网站查看并申请。最终的费用由发起人负责筹措。

在笔者看来，这样一个活动看似形式、内容简单，但具备了全方位增强师生与校友联系的巨大功能，并为学校发展带来了多样性的可能。首先，各个学院和专业的导师带领学生到各地与校友交流，加强了 Bruins（UCLA 校友的称呼，也是 UCLA 的校园文化品牌）的情感沟通，充分发挥了全体师生的连接作用；其次，虽然说是晚宴，主题还是在交流，这样的活动既有助于师生了解行业前沿，也有助于校友了解学术前沿，更有助于学校和校友探讨合作可能；最后，培养发展共同体的主力建设队伍。根据 UCLA 相关负责人介绍，凡是登记主办晚宴次数较多的校友，到最后都成为各类校友组织的骨干，或是成为校友创新创业组织的骨干，有不少还成为学校的捐赠人，为学校发展作出了多方面的贡献。

二、"十二个陌生人的晚宴"活动详情

UCLA"十二个陌生人的晚宴"创立于 1968 年。之所以该活动能够延续举办 52 年，并成为 UCLA 历史上最传统也最活跃的师生和校友活动，笔者认为这一方面是其具有简单性与开放性合一的特点，得到全球师生校友的欢迎；另一方面则是其得到了 UCLA 工作人员及师生校友的悉心组织，使其从细节上兼容并蓄。而要做到这些，就必须要全员发动和全过程覆盖。在 UCLA 的官方网站上，有面向全体师生和校友的"十二个陌生人的晚宴"具体参与或主办的详细指南以及各年度晚宴活动的照片展示。同时，对于具体的活动组织和参与，又有 UCLA 的工作人员根据学校及校友的信息系统进行严格的身份确认和把关，从而保证活动的安全和有效。下面分别就活动的组织流程和细节设计进行详细介绍。

（一）活动的组织

1. 师生和校友在线申请举办与参与活动

UCLA 网站上对该活动有专门网页，供师生和校友申请举办或参与活动。第一步是要完成师生和校友的身份确认，通过比对学校的信息系统数据来完成在线注册，以核实其真实身份信息。

核实身份后，师生和校友即可根据个人需求，选择合适的活动种类。如果是举办活动，则直接进入举办的登记页面。如果是第一次主持活动，在网页上有 UCLA 工作人员专门制作的主办人提示和常见问题集锦。如果是想参加活动，指引页面还会细分为：参加南加州的晚宴，参加北加州的晚宴，在加州以外的美国参加晚宴，参加国际晚宴，或根据地图查看附近是否有方便的位置等指引。

2. 校方发布指导时间

UCLA 工作人员根据其收集到的师生申请和校友申请，提前发布晚宴的时间。例如，2020 年 2 月的晚宴可选时间为：2 月 22 日，星期六；2 月 23 日，星期日；2 月 29 日，星期六。时间以周末为主，方便有意向者报名参加。

3. 选择想主持或参与的活动进行报名，并参加活动

报名同样是在网络上进行，在通过 UCLA 身份认证后，教职员、学生、校友分别进行报名。之后会得到确认的回复邮件，并写明活动的详细地址和时间。然后就可以主办或参加活动了。

（二）活动的流程

UCLA 的工作人员考虑到全球师生和校友的多样性，非常贴心地对活动的每一个流程都进行了尽可能全面的阐释和指导，具有非常好的指导性。同时，该项活动的具体负责人——也是 UCLA 校友会主管学生校友计划和家庭参与项目的主任——的联系方式也公布在网站上，学校也在社交媒体上公开了相关信息，以方便大家咨询。

1. 设计一个晚宴主题

尽管"十二个陌生人的晚宴"本身就是一个主题，但更多的师生和校友都创造性地开拓主题，从而使得活动更加丰富和多样，更加有时代性和活力。例如，对于某一类学术前沿或个人爱好的分享，又或者对某一创新创业想法的探讨等。每年的晚宴使 UCLA 的各类人群有机会团结在一起。同时，正如一些晚宴主办者所发现的那样，晚宴可以使年轻的学生和校友们在非正式场合见面时感到更加放松，从而更好地交流。

2020 年是 UCLA 百年校庆，校方特别说明今年的晚宴是百年庆典的一部分。因此，UCLA 网站上鼓励全球的晚宴参考以下主

题：时代的来临、所有人的机遇、引领前进的道路等。

2. 确定晚宴规模和菜单

虽然名称是"十二个陌生人的晚宴"，但参加活动的人数并不限于 12 位。主办者可以根据房屋大小和晚宴风格选择晚宴人数。晚宴方式上可以选择由主办者精心准备的美食，也可以享用简单的自助式晚宴。

如果主办者决定自制餐点，UCLA 还贴心地提供了汇集以往主办者经验和方法制成的食谱，并制作成全彩电子书，供大家下载参考。

3. 准备破冰游戏

大多数主办者在晚宴前会举行短暂的"社交时间"。这样一来，客人就可以在彼此了解的同时等待所有人的到来。主办者通常会提供饮料和开胃小菜（奶酪和饼干、蔬菜蘸酱等）。UCLA 网站上对于如何使陌生人熟悉起来，也贴心地给出了破冰游戏的建议。例如，可以引起大家对 UCLA 共同回忆的"两个真相和一个谎言"。玩法是每个人轮流介绍自己，然后向其余客人介绍有关自己的三个"事实"。这些"事实"都与其在 UCLA 的经历密切相关。其中两个是真实的，第三个是谎言。客人必须猜测哪个"事实"是谎言。例如，可以迅速增加大家互相了解的"我想知道"。玩法是请每个客人写下一个他们希望别人回答的问题。问题的类型应能洞悉个人的性格、品位、价值观等。主持人会收集问题并将其放入盒子。然后，当每个客人介绍他/她自己时，他/她必须从盒子中拿出一个问题并回答。例如，可以在晚宴后玩的"名人"游戏。玩法是每个人都用纸条写下 10 到 15 个知名人物的名字，然后放入一个盒子中。再将晚宴参与者分为两个小组。由第一组先选择一个成员，从盒子中拿出一张纸条，并试图让他/她的队友猜出纸上的名字。当他/她的队友正确猜出后，他/她会拿出另一张纸条，描述该人，其他队友再猜。依次继续直到一分钟时间结束。届时，小组猜出的人数等于小组获得的积分。随后第二组开始猜。直到两组的所有成员都参与过后，最终得分最高的团队获胜。

4. 晚宴进行和后续安排

每一次晚宴活动通常持续 2~3 个小时。活动的着装没有固定要求。UCLA 鼓励大家尽可能多地拍摄晚宴的照片，并将其发送给学校网站刊登。

三、"十二个陌生人的晚宴"活动对中国高校的借鉴意义

"十二个陌生人的晚宴"从 20 世纪创立以来延续举办超过 50 年，参与的师生校友遍布全球。活动的主题也不断更新，从民族美食到职业兴趣，再到创新创业，不断开拓了师生和校友的视野和交际。同时，该活动也传播到了美国其他著名高校，如埃默里大学、东北大学也组织了类似活动，并受到普遍欢迎。在笔者看来，这一活动从最基本和最底层的角度，增强了师生与校友的联系，使师生更了解社会，也使得校友更了解学校。这样的基础性工作长期坚持下去，必然会碰撞出合作的火花，从而加速推动"校友—学校发展共同体"的建立。从借鉴其经验的角度出发，笔者认为对于中国高校而言，"十二个陌生人的晚宴"等类似活动有以下几点启示：

(一) 从思路上树立终身发展共同体理念

在基于终身学习的新时代，中国的高等学校教育也将逐步突破时空分隔，向支持终身学习的方向加快蔓延，最终向"校友—学校发展共同体"演变，并形成校友、学校、社会互相交织，人才、技术、资金互相吸引的庞大复合体。在这个过程中，学校、个人、社会的发展都面临复杂多变的情况，越发需要互相交流、共同发展。因此，学校的各项工作需要以人为本，强化系统思维，树立终身发展共同体理念，围绕立德树人的根本任务，更好地建设和发展各领域，进行系统化设计，争取各方面支持，并发动师生、校友和社会力量共同组织实施。

（二）从组织上借鉴世界一流高校成熟模式

UCLA 等世界一流高校历经百年发展，有很多成熟的做法已经经过了时间和实践的考验，在组织模式上具有直接的借鉴意义。除"十二个陌生人的晚宴"这样的基础性交流活动外，在教学、科研、服务社会方面也有很多值得借鉴的工作方式。例如，UCB（加州大学伯克利分校）和 UCLA 等世界一流大学针对大学后人才发展的需求，提供了专门的教育发展服务，并强调大学应该适应公司、企业、机构的专业人士及社会大众发展的需要，以凸显其成长性和以"新"为本的特色，培养专业型人才。两校均专门设立继续教育部（Extension）专司此事，开设多学科、多类型、多领域以及实用性、适应性强的各类课程。再如，从整合校友资源的角度，UCLA 的 TDG（技术发展集团）通过展示 UCLA 企业家资源以及加速器和孵化器资源，帮助有需求的师生校友非常明确地找到潜在投资者和公司合伙人、商业导师和企业家，从而充分对接校外和校内的资源，使得校友与学校更加紧密地连接在一起，形成发展共同体。这些成熟的工作模式均可以直接为我国高校所借鉴。

（三）从执行上学习细节决定成败

有了好的理念和策划后，最重要的就是执行。UCLA 关于"十二个陌生人的晚宴"活动的设计和细节，从各方如何参与，到身份核实，再到菜单、交通、着装、破冰、付费等种种细节，考虑得无微不至，使得就算是第一次参加活动的人员，也可以最大限度地打消畏惧感，增加参与度。而这样注重细节的工作态度，体现在其各类工作的方方面面。例如，UCLA 的 TDG（技术发展集团）为了充分支持学校的研究人员和创新者创新创业，为其提供了包括提交发明专利申请、产业资助研究、接收/转让材料和数据、创新基金及其他基金等各项服务。其中既有支持学术研究的 UCLA 创新基金和教师创新研究员计划，也有为创业公司服务的小企业创新研究（SBIR）与小企业技术转让（STTR）方案，提供包括校友支持的法律、银行、税务、会计、保险、人力资源、办公室和实验室空间、云计算、咨询服务等一系列服务。同时，根据初创者需求，TDG还设计了 10 万~20 万美元不等的天使投资，以及一年数次不等的法律、会计、税务等免费咨询打包服务，全方位地支持各类创新创业。这样注重细节以及具有可执行性的工作态度，以及处处体现的换位思考和服务精神，非常值得我国高校学习。

当前，我国高校正在向世界一流大学和世界一流学科建设的征程上不断奋进。"他山之石可以攻玉"，我国高校应当不断从世界一流大学的成熟工作中借鉴先进做法和经验，并与我国高校实际工作相结合，不断探索有中国特色的高校发展新路径，进一步推动学校、校友、社会紧密联系，共同发展。

◎ 参考文献

[1] https：//alumni. ucla. edu/dinner-for-12-strangers.

[2] https：//tdg. ucla. edu/.

[3] 季明明. 一流大学要引领终身学习和继续教育发展[J]. 开放学习研究，2019，24(1)：1-7.

[4] 徐莉，王默，程换弟. 全球教育向终身学习迈进的新里程："教育 2030 行动框架"目标译解[J]. 开放教育研究，2015，21(6)：16-25.

[5] 联合国教科文组织国际教育发展委员会. 学会生存：教育世界的今天和明天[M]. 北京：教育科学出版社，1996.

美国公立高校治理组织体系研究

郑现镇

（武汉大学工会委员会）

一、美国公立高校治理组织体系

高校治理组织体系是高校以权力为基础的机构设置、职能布局和权力配置体系。组织理论之父韦伯认为，任何组织都必须以某种形式的权力作为基础，没有某种形式的权力，任何组织都不能达到自己的目标。作为代表世界上最高教育水平的美国教育体系的治理模式，也经历了一个漫长的历史过程，最后形成了以董事会、校长领导下的行政管理体系及教师评议会为基础的三方权利体系共同治理大学。三个权力体系通过相互制约、配合，以最终达到平衡权力，促使学校内部各机构能够正常运转。

（一）董事会

董事会是美国高校法定代表机构和最高决策机构，其权力通常在创立该校的特许状或学校章程中加以规定。董事会可以将自己的部分权力授予校长、行政人员和教师，并具有最后否决权。一般来讲，公立大学的董事会分为两种类型，一种是基于宪法设立的，另一种是基于州法令设置的。前者具有较高的自主权，可以自由地规划大学的发展，如密歇根大学、加州大学等；而后者的自治权相对较小，受州政府约束较大，如弗吉尼亚大学等。无论是哪种类型的董事会，其成员的产生都需要州立法机构或者州长来任命，这也体现了公立大学董事会的公共性质。以加州大学（University of California）为例，它的董事会总共有 26 人，其中 18 人由州长任命，任期 12 年；7 人是董事会的当然成员（Ex-Officio Member），包括州长、副州长、议长大会和国家公共指令的负责人。公立大学董事会的主要职责包括两个方面：从校外来讲，董事会主要负责大学与社会、大学与州政府之间的联系，是大学与两者之间的纽带。同时，董事会要做好资金的筹措工作。从校内来讲，首先，董事会需要负责总校及分校校长的选拔工作；其次，董事会要对学校的资金及资源分配负责，尤其是多校区的院校，各分校的资源分配工作尤其重要；最后，董事会要对学校的整体发展负责，对于一些事关学校发展的规划，董事会要与校长领导下的行政管理体系及教师协商合作，保证大学运行流畅。

（二）校长领导下的行政管理体系

美国大学校长是董事会的代理人，依据董事会的授权成为学校的首席行政长官，对内领导和管理大学的运作，对外代表学校。具体来说，确保学校在符合董事会的政策和学术规范的前提下高效运转；维持学校现有资源并开发新资源；对学校绝大部分非学术性活动具有最终管理权；争取外界对学校的理解与支持。为有效实现董事会制定的政策和目标，校长组建包括教务长和副校长在内的高级管理团队，拓展和履行校长的领导和管理职能，并在高级管理团队下设立职能办公室，开展具体的管理和服务工作，这些高级管理团队和各职能办公室组成了校长领导下的行政管理体系。

（三）教师评议会

教师评议会是教师代表和学校行政管理机构交流的主渠道，是校长、教务长和副校长的重要咨询机构。在董事会授权下，教师评议会代表全体教师参与学校治理，发挥重要的咨询、审议和立法职能。教师评议会对有关大学发展事宜的所有决定享有建议权，在课程、教学、学术研究、教师晋升和终身教职评定、教师学术休假、绩效工资，以及与教育过程相关的学生生活等领域负有首要责任。

教师评议会一般由董事会任命，对董事会负责，一般由教师和部分行政人员组成，在教师全体中，包括教授、副教授、助理教授等，有的大学甚至全体在职教师都为评议会成员，例如加州大学。

二、美国高校治理组织体系的意义

董事会、校长领导下的行政管理体系与教师评议会都有特定的任务领域，互不干涉，同时又相互合作。董事会具有绝对的权威，校长及教师的提案必须交由董事会处理；教师评议会有参与重大决策的权利，但是没有最终的决策权。这一模式要求三者沟通协作，无论哪方有提议，都需要听取另外两方的意见，这在一定程度上就达到了权力制衡，同时又保障了学术自由，有利于发扬校园民主。

（一）有利于权力制衡

美国公立高校行政人员与学术人员各自负责自己的任务领域，并在重大事务的决策上沟通协商的模式，恰恰体现了权力制衡原则。权力约束是提高大学权力实施质量的机制保障，权力制约可以保障所属权利不被侵犯。一方面，校长受命于董事会，将董事会的目标传递到行政管理体系，通过行政管理体系的通力合作，保证董事会目标的实现；董事会将更多的精力放在对外关系协调上，教师团体负责学术事务，使得校长有更多的精力处理学校的行政事务。权责明晰的分工，可以使各部分的"首要责任主体"集中精力处理本职工作，保证工作的效率。另一方面，通过权力制约来提高决策质量。董事会对于学校发展规划的相关决议，必须考虑校长及教师的意见；校长在涉及预算、筹资等工作上，需要得到董事会的认可；教师在重大学术决策问题上，必须上报校长和董事会。三者之间权利相互制约，可以有效避免行政权力的膨胀，同时，对于决策的正确与否，可以通过沟通协商作出更好的判断。

（二）保障学术自由

学术自由（Academic Freedom）是自由教学和研究不可或缺的必

要组成部分。在学术自由原则下，教师有权在法律规定框架下自由研究并出版研究成果，有权在课堂上自由讨论课题内容。美国公立大学现有治理组织体系可以使行政人员与教师团体各自负责自己的任务领域，互不干涉，这就为大学的学术自由创造了良好的条件。同时，在这种架构下，学术机构可以有效对抗来自行政机构以及外部政府和市场的压力，使教师的教学和研究免受侵扰，从而保障学术自由，进而推进学术水平得到提高，而大学的真正价值，也正是通过高水平的学术能力实现的。

(三)有利于发扬校园民主

这一组织体系还有一个更重要的特点就是提倡全民参与，从董事会到校长及其领导下的行政管理体系，再到教师甚至学生，都有对决策发表建议的权利。在这样一种机制下，就形成了全民参与的治校模式，充分发扬了校园民主。例如，加州大学伯克利分校通过董事会集体决策、教师广泛参与、校行政官员高效执行及全民监督的治理模式，使多元利益主体都能够参与校内事务决策，以缓解决策过程中的利益冲突。同时，加州大学总校与分校沟通密切，这就形成了一个庞大的参与团体，下级对于董事会的决议了然于心，每个人都能够充分发挥自身的价值。加州大学长盛不衰，必然离不开这样的全民参与机制。

三、对国内高校治理的启示

美国公立高校治理组织体系权责明晰的分工，使各部分的"首要责任主体"可以集中精力处理本职工作，保证学校高效运转，既发扬了民主，又保障了学术自由。对我国高校治理具有较强的现实意义。这就要求我们必须坚持党委领导、校长负责、教授治学、民主管理、依法治校，不断完善内部治理结构，提升运转效率。

(一)坚持党委领导下校长负责制

党的十三届四中全会以后，党中央确定普通高校全面实行党委领导下的校长负责制。2014 年中央办公厅印发《关于坚持和完善普通高等学校党委领导下的校长负责制的实施意见》。这是党中央推进中国特色现代大学制度建设的重要举措，为加强高校党的建设工作、完善高校领导体制和运行机制提供了重要遵循。坚持和完善党委领导下的校长负责制，需要坚持高校党委的领导核心地位。党委总揽学校改革发展稳定的全局，统一领导学校的工作，抓好大事，管好干部，加强党的建设和思想政治工作，尊重和支持校长独立负责地开展工作。校长在党委领导下，依法行使职权，积极主动地做好教学、科研和行政管理工作。坚持和完善党委领导下的校长负责制，更需要认真贯彻执行民主集中制。学校重大事项应当由党委集体讨论决定。集体领导和个人分工负责，相互结合，集体定了的事，领导班子成员应按照分工分头去办，勇于负责。只有加强党政沟通协调，建立健全党委统一领导、党政分工合作、协调运行的工作机制，发挥教师在教学、学术研究和学校管理中的作用，才能全心全意依靠广大师生员工办好中国特色社会主义大学。

（二）充分发挥教代会作用

我国的《高等教育法》第四十三条规定"高等学校通过以教师为主体的教职工代表大会等组织形式，依法保障教职工参与民主管理和监督，维护教职工合法权益"，《工会法》规定"工会组织和教职工依照宪法和法律的规定行使民主权利，发挥国家主人翁的作用，通过各种途径和形式，参与管理国家事务、管理经济和文化事业、管理社会事务"，2014 年中央办公厅发布《关于坚持和完善普通高等学校党委领导下的校长负责制的实施意见》明确指出"发挥教职工代表大会及群众组织作用，健全师生员工参与民主管理和监督的工作机制"。这些法律法规规定了教代会在我国高校民主建设中具有法律赋予的重要使命。依法提高教职工代表实际参与学校民主管理与监督的程度与深度，是现代大学制度的重要内容，是全面推进依法行政，保障教职工对学校重大问题决策的知情权、参与权和监督权的重要渠道，也是依法治校的基本内容。高校教代会是高校具有广泛代表性的组织。学校教代会代表一般占教职工人数的 6%～

10%，二级教代会代表一般占教职工代表的 25%~35%，且以教师为主体。广泛代表性可以激发教职工参与学校发展建设，聚焦中心工作。当前，完善学校教代会制度，提高教职工在新时代参与民主管理的积极性，对提高教代会代表的参政能力和水平，提高教代会在学校民主建设中的地位与作用起着重要作用，也使教代会在高校为国家培养人才及科学研究中发挥更大的作用。因此，新时期教代会在高校发展和提高办学水平等方面的地位和作用会越来越重要。

(三) 充分发挥学术委员会作用

在现代大学治理结构中，学术委员会与学校行政管理体系同为大学学术治理体系的核心。2014 年 2 月，教育部发布《高等学校学术委员会规程》，明确要求将学术委员会作为校内最高学术机构，并在学科建设、学术评价、学术发展、教师评聘和学风建设等事项上统筹行使决策、审议、评定、咨询和学术纠纷裁定处理等职权，进一步突出了学术委员会在高校内部治理结构中的地位和作用。高校学术组织经历从无到有、由少至多的过程之后，学术组织与行政体系的关系将成为构建学术治理体系的关键因素。如何促进行政权力与学术权力的有效结合，实现学术决策与行政管理相对分离又协调统一，逐步形成以学科为基础、以学术委员会为主导的学术权力运行体系，仍是今后一段时期内高校完善学术权力运行机制的发展方向。这就需要加强顶层设计，完善学术组织体系内涵建设，在明确各个学术组织职能的同时，必须兼顾其职能之间的关系。完善制度体系，进一步保障学术权力的有效运行，可以形成分工明确、互相协作和互相制约的行政权力和学术权力的关系，切实保障学者学术权力，充分发挥其在教育教学、学术研究和学校管理中的主体作用，积极创造机会条件，进一步提高学术组织成员综合履职能力，有助于形成高校"党委领导、校长负责、教授治学、民主管理"的良好生态。

◎ 参考文献

[1]刘爱生，顾建民. 美国大学共同治理的思想内涵[J]. 比较教育

研究，2012，1：8-12.

［2］University of California. Leadership of UC system［EB/OL］. https：//www. University of california. edu/uc-system/leadership.

［3］University of Califoenia. Board of Regents：University Executives［EB/OL］. ［2016-7-20］. http：//regents. universityofcalifornia. edu/governance/bylaws/.

［4］University of California. Board of Regents：Standing Order ［EB/OL］. http：//regents. university of california. edu/governance/standing-orders/so1051. html.

［5］郭卉，美国大学"联合治理"制度的历史发展及其价值意蕴［J］. 高教探索，2006（2）：36-39.

［6］张宝泉. 苏、美、英、德、法高等学校管理比较［M］. 长春：东北师范大学出版社，1998：236.

［7］别敦荣. 大学学术委员会的性质及其运行要求［J］. 中国高等教育，2014（8）：27-30.

UCLA 内部审计工作的特点及启示

郑梅娟

（武汉大学审计处）

当前学校的中心工作是围绕人才培养、科学研究、社会服务、文化传承创新、国际合作交流等五个方面，加快建设世界一流大学和世界一流学科。高校内部审计不在教学科研一线、不直接参与学科建设和人才培养，那该如何立足本职、找准定位，服务于学校"双一流"建设呢？本文以加州大学洛杉矶分校（University of California，Los Angeles，UCLA）内部审计工作为例，通过分析该校内部审计的组织架构、业务开展情况、审计效果，探索新时期高校内部审计转型发展的方向和路径，以期为武汉大学内部审计切实履行好"监督""评价""建议"职能，助力学校"双一流"建设提供参考和借鉴。

一、UCLA 审计与咨询服务部门概览

加州大学（University of California，UC）是由 10 所公立大学组成的大学系统，UC 校董会全权负责大学的组织和治理。UC 校董事长办公室下设合规与审计委员会（The Regents' Committee on Compliance and Audit），由一名高级副总裁（SVP）兼任首席合规与审计官，负责 UC 系统内 10 所大学和劳伦斯伯克利国家实验室（Lawrence Berkeley National Laboratory，LBNL）范围的审计政策制定、同合规与审计委员及其他部门的沟通协调等工作（见图 1）。各

分校(或 LBNL)的内部审计管理架构与 UC 相似，分别设置了校园审计委员会和分管审计工作的副校长，具体管理本校内部审计工作。审计与咨询项目的年度计划、审计报告由各校园审计委员会和校长(或主席)审核并批准，然后提交 UC 首席合规和审计官，最终由董事会审定和批准。

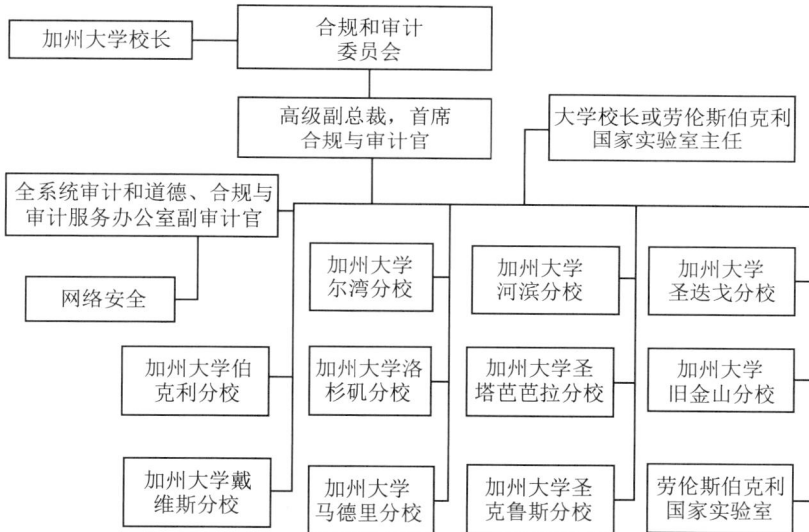

图 1 加州大学内部审计组织架构图

UCLA 审计和咨询服务部门的工作职责为：通过开展各类独立的审计和咨询业务，以评价和促进内部控制情况，包括控制的有效性和效益性，从而协助大学管理层履行监督和管理职责。该部门现有 30 名内部审计人员，分别负责管理审计(Administration)，校园管理和调查(Campus & Investigations)，设备、项目及学生联合会审计(Facilities，Capital Programs & ASUCLA Audit)，卫生科学审计(Health Sciences)等工作(见图 2)。

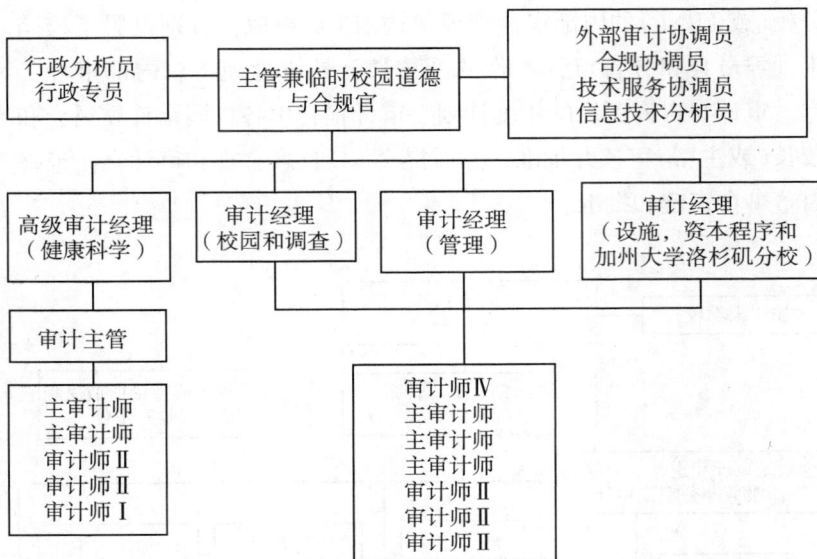

图 2　UCLA 内部审计机构设置图

二、UCLA 内部审计工作的特点

(一)管理层高度重视，审计独立性强

　　加州大学管理层十分重视和依赖内部审计工作，将内部审计工作定位为"有关治理、风险管理和控制的被公认的、协作的和可信赖的资源"。在顶层设计方面，加州大学董事会设有合规与审计委员会，直接向董事会报告 UC 系统内部审计工作；UC 系统内各大学也设有审计委员会，内部审计部门通过独立地评价整个校园的行政管理活动，协助校园审计委员会完成董事会的委托，对其负责并提供审计报告，必要时直接向校长报告审计结果；在获取信息方面，UCLA 内部审计有权根据加州大学董事会批准的内部审计管理权限，对大学的记录、计算机文件、财产和人员进行全面的、免费的和不受限制的访问。除法律规定外，审计和咨询服务部门的工作不受限制，可以自由审查和评估任何大学活动、计划或职能的所有政策、程序和做法。由此可见，UCLA 内部审计工作具有很强的独

立性和权威性，在学校治理体系中发挥着不可替代的作用。

（二）内部审计工作覆盖面广，以管理审计为主

从 2019 年 UCLA 内部审计年度工作计划来看（见图 3），审计业务包括对校园合同审查（Negotiated Contracting Review）、应收住房账款（Housing Accounts Receivable）、赤字管理（Deficit Management）、燃料问责（Fuel Accountability）、准入（Admissions）等，还包括对附属医院的护士义工计划（Nurse Volunteer Programs）、伤口护理（Wound Care）等审计业务；咨询业务包括特殊项目的协商（Consultations/Special Projects）、与外部审计协调（External Audit Coordination）等工作；审计调查属于非常规审计工作，依据接收举报的情况来确定，因此计划工作时间相对很少。总体而言，UCLA 内部审计工作以业务活动为审计对象，突破了以某个部门（或个人）为审计对象的局限性，强调对业务活动全流程风险管理、绩效情况的评估（评价），审计结论更具有宏观性、前瞻性。

（三）审计发现问题整改到位

UCLA 已形成良好的人力资源激励与约束体系，履职不到位、舞弊、欺诈等行为会严重影响到个人声誉和获得终身教职（tenure-track position）的机会。通常情况下，各责任主体能在要求的 2 个月时间内将审计发现问题整改到位；如果整改不到位，审计与咨询服务部门可向校园审计委员会或校长进行报告，通过学校层面协调解决整改事项；如果仍不能完全整改，UCLA 校园审计委员会将向上级 UC 合规与审计委员会报告情况，直至整改到位为止。据 UCLA 审计与咨询服务部门负责人介绍，绝大多数审计发现的问题会在 2 个月内完成整改，个别事项因时间不足等原因未完成整改的，经学校进行沟通协调，能顺利整改到位。近 5 年未发生需提交 UC 合规与审计委员会进行整改的事项。

（四）内部审计队伍专业化水平高

UCLA 对内部审计人员准入设置了门槛，普通员工要求获得 CPA

或 CIA 执业资格，并具有一定的实务工作经验，高级管理者要求拥有超过 25 年的 UCLA 工作经验，并全面了解 UCLA 运营流程。从图 3 的 2019 年年度工作计划（表 1）来看，UCLA 内部审计人员不仅具备财务专业知识背景，同时对 IT 系统、医疗系统业务也非常熟悉。在完善的内部控制机制为保障的前提下，UCLA 内部审计人员一般不进行轮岗，以保证对所从事的审计业务形成丰富的实践经验。UC 合规与审计委员会对系统内审计人员的后续教育与培训制定了中长期规划，各大学审计委员会结合学校内部审计工作实际情况，提出具体的、有针对性的后续教育与培训方案，以提升内部审计人员的专业胜任能力。

表 1   **UCLA2019 年度内部审计工作计划**

项目管理	项目名称	完成小时	项目管理	项目名称	完成小时
大学	布鲁因咖啡馆-出纳审计	325	医院	医疗设备	400
大学	H&HS-信息技术设备库存	350	医院	灾后重建/商业连续性	500
大学	住房应收账款	325	医院	伤口护理	500
大学	加州大学洛杉矶分校餐饮	450	医院	礼品管理	500
大学	餐饮服务采购（非食品类）	400	医院	时间和休假报告	450
大学	F&T-车间作业	250	医院	护士志愿者项目	500
大学	F&T-燃料责任	300	医院	睡眠实验室（@CHS）/临床与转化研究中心（CTRC）	400
大学	停车许可证清单	250	医院	Tiverton 房屋	500
大学	现金管理	425	医院	合资企业/隶属关系	425
大学	采购及资产管理	350	医院	公平工资/公平工作	275
大学	中央仓库库存审核（F&IS）	400	医院	主出纳办公室-韦斯特伍德	500
大学	设备库存审查（F&IS）	400	医院	成像中心	475
大学	托管服务审查（M&A）	400	医院		
大学	关键安全（M&A）	300	医院	教师实习组-研习班	525
大学	谈判缔约审查（M&A）	450	医院	教师实习组-研习班	525

续表

项目管理	项目名称	完成小时	项目管理	项目名称	完成小时
大学	保险及风险管理	450	医院	教师实习组-研习班	525
大学	员工考勤报告	350	医院	教师实习组-研习班	525
大学	物料和设备采购	400	医院	教师实习组-研习班	525
大学	项目结束过程	400	医院	中央现金对账	600
大学	修整过程	400	医院	医学院（学校）-院系审计	800
大学	Luwala 公共商店	350	医院	医学院（学校）-院系审计	800
大学	运营部门：餐饮服务运营	350	医院	医学院（学校）-赤字管理	300
大学	特别活动部：餐饮及许可	350	医院	医学院（学校）-国外影响	300
大学	出纳/现金盘点确认	350	医院	口腔学院-TBD	600
大学	体育运动-合规	600		审计管理	1000
大学	加州大学洛杉矶分校基金会	500		**计划审计项目小计**	**28125**
大学	公平工资/公平工作	200		补充审计	2600
大学	户外专业活动（OPA）	200		审计跟踪	1200
大学	早期护理和教育	500		**总审计项目-合计**	**31925**
大学	全民投票费用	400			
大学	赤字管理	500		**计划咨询服务项目**	
大学	加州纳米系统研究所（CNSI）	600		咨询/特殊项目	2000
大学	戏剧，电影和电视学院	600		外部审计协调	1700
大学	注册管理-助学金和奖学金	600		内部控制与责任	500
大学	学生健康	600		合规支持	1600
大学	研究生部	600		系统开发和改造团队	500
大学	加州大学洛杉矶分校电影电视档案馆	400		**小计**	**6300**
大学	国外影响	300			
大学	招生	300		**案件调查**	

续表

项目管理	项目名称	完成小时	项目管理	项目名称	完成小时
				调查	1600
				计划项目总计	**39825**
	(第1页)			(第2页)	

三、UCLA 内部审计工作对我校审计工作的启示

基于上述分析，借鉴 UCLA 内部审计工作做法和经验，为提升武汉大学内部审计的质量与效果，应着力做好以下四个方面的工作。

(一) 进一步优化内部审计工作环境

良好的审计环境是内部审计工作顺利开展的关键因素。学校应高度重视内部审计工作，一方面要在审计制度建设、人员配备、资金预算、审计成果运用等方面给予更大力度的支持，切实帮助审计部门排除工作干扰和阻力，为其集中精力服务于"双一流"建设，创造良好的基础条件；另一方面，要善用、用好内部审计，提升内部审计在"双一流"建设管理过程中的"话语权"，在重大事项、关键环节的决策过程中多倾听内部审计"声音"，重视内部审计的意见和建议，科学运用审计结果，不断挖掘内部审计工作潜能。

(二) 进一步强化内部审计服务职能

从新时期内部审计发展趋势来看，内部审计工作的服务性职能的发挥不仅成为其发展的主要方向，也是衡量和判断审计工作是否完善成熟的重要标准。强化高校内部审计服务职能，不是对内部审计监督职能的弱化，而是寓监督于服务之中，更加注重审计监督、

评价的建设性作用。内部审计业务应紧跟学校改革发展的步伐，抓大放小，从部门的、个别的财务收支、预算执行审计向整体的、全局的内部控制、风险管理审计推进，重点关注体制机制存在的问题和缺陷，提升审计结果的有用性，真正成为学校决策和管理的好参谋。

（三）进一步完善审计整改工作机制

审计整改是内部审计工作的重要环节，整改工作的成效是审计结果运用成效的体现。不解决审计整改这最后一公里的问题，整个审计工作就会流于形式。从 UCLA 的成功经验来看，完善的工作机制是审计发现问题整改落实的重要保障。目前，我校按照《教育部经济责任审计整改工作办法》（教财〔2017〕3 号）的要求，正在出台审计整改相关管理制度，但逢审必有、屡审不改的情况仍然存在，究其原因主要还是制度未成体系且执行不力。学校应构建整改跟踪检查、整改协调联动、整改情况公告、整改追责问责的闭环制度体系，进而形成审计整改长效机制，加大政策的执行力度，切实提高责任主体的整改意识和整改成效。

（四）进一步加强审计能力建设

一是要完善内部审计质量管理体系。通过建立健全审计质量检查和考核指标体系，加强对审计业务质量控制，确保审计程序到位、审计证据有力、审计结论恰当，为"双一流"建设发展准确发声。二是要创新审计方法手段。充分利用信息化手段进行数据的采集和分析，实时掌握与"双一流"资金有关的各项经济活动信息，精准发现资金管理使用方面存在的薄弱环节和风险隐患，为"双一流"建设发展及时发声。三是要打造一支满足"双一流"建设管理需求的审计队伍。通过拓宽选人、用人的渠道，吸引多样化的优秀人才，优化专业结构；加强对现有审计人员的教育和培训，丰富知识结构，有效解决审计深度和高度受到限制的问题，为"双一流"建设发展有力发声。

◎ **参考文献**

[1] 数据及信息来源：/www. audit. ucla. edu/about-us.

[2] 国务院. 统筹推进世界一流大学和一流学科建设总体方案[Z].
国发[2015]64号.

[3] 财政部，教育部. 中央高校建设世界一流大学(学科)和特色发
展引导专项资金管理办法[Z]. 财科教[2017]126号.

[4] 时现. 最新发布的《审计署关于内部审计工作的规定》的特点分
析：基于修订前后比较的视角[J]. 中国内部审计，2018(3).

[5] 韩晓燕. 高校内部审计现状及完善建议：基于世界一流大学建
设高校内部审计调查[J]. 中国内部审计，2018(9).

[6] 郭旭. 守正创新　持续优化：北京大学内部审计不断提升专业
服务品质[J]. 中国内部审计，2016(12).

高校国家级科研平台创新
发展的若干思考
——美国劳伦斯伯克利国家实验室的经验与启示

胡　灵

（武汉大学遥感信息工程学院）

一、高校科研平台综述

　　高校科研平台主要是指以高等院校为依托单位的国家重点实验室、工程技术研究中心等为代表的科研机构，是学校学科建设的重要支撑，科技创新体系的重要组成部分，是凝练科研方向、汇聚专业人才、开展高水平科学研究和培养高层次人才的重要基地。

　　高校科研平台分为国家级、省部级和校级三个层次，即经国家批准依托高校建设的自然科学类的国家实验室、国家重点实验室、国家工程技术（研究）中心、国家资源共享平台、国家野外科学观测研究站、国家实验（测试）中心等国家级平台；经教育部、省或其他部委批准依托高校建设的自然科学类的重点实验室、工程技术（研究）中心、资源共享平台等省部级平台；经学校批准的科学研究中心、研究所、工程技术中心，以科学研究为主的研究院，以及与外单位联合建立的科学研究中心、工程技术中心等校级平台。国家级科研平台是国家科技创新体系的重要部分，肩负着开展科学研究、获取原始创新成果和自主知识产权、实现技术储备和人才储备的重要任务。①

---

　　①　任春秀，韩春玲，吴琳. 国家级科研平台对两创人才培养的促进作用[J]. 大学教育，2017（1）：138-139.

二、劳伦斯伯克利国家实验室建设介绍

劳伦斯伯克利国家实验室（Lawrence Berkeley National Laboratory，LBNL）是美国能源部重点支持的国家科研机构之一，承担重要科研任务，在科研平台的建设等方面堪称典范。在科学界，LBNL 相当于"卓越"（Excellence）的同义词。截至 2018 年，与劳伦斯实验室相关的 13 个科学家及组织获得诺贝尔奖，70 位科学家是美国国家科学院（NAS）的院士（院士在美国是科学家最高的荣誉之一），13 位科学家获得了科研领域国家最高终身成就奖——美国国家科学奖章，18 位工程师当选为美国国家工程院院士，3 位科学家被选入医学研究所等。此外，LBNL 培养了数千名大学理科和工程专业的学生，他们推动着全美国和世界各地的技术革新。该实验室为美国第一颗原子弹及氢弹的研制提供了最原始、最基本的实验以及机械支持。劳伦斯伯克利国家实验室对帮助判断什么是"二战"的三个最有价值的技术开发项目（原子弹、低空爆炸信管和雷达）作出了贡献。本文从人员结构、研究方向、运行机制和学术氛围四方面来分别介绍该实验室。

1. 人员结构

LBNL 是美国能源部的第一个国家实验室，现由美国能源部委托加州大学代为管理。它有 1469 位科学家或工程师、239 位合作学者、428 名博士后、441 名研究生或者本科生以及来自全球各地的 2043 名访学人员。共有 13 位个人或者团体获得诺贝尔奖和 15 位获得国家科学奖章。科学家和工程师中部分人员（Faculty）会在加州大学伯克利分校任职教授等职位，在科研的同时担任教书育人的职责，而另一部分人员则为全职科研人员。合作学者大多为世界各地知名大学的教授，如斯坦福大学等，他们会以合作的形式参与相应的科研项目。博士后、研究生或者本科生，以及众多的年轻访学人员是劳伦斯的主体科研践行者，他们在经验丰富的科学家的指导下，在完成着世界顶级科研项目的同时，实现着自我科研能力的

提高。

2. 研究方向

从无限的宇宙尺度到亚原子粒子的无限小尺度，LBNL 的研究人员正在推进人类知识的范围，并寻求科学解决人类面临的一些最大问题。劳伦斯伯克利国家实验室一直坚信多学科交叉合作的团队能够开展出色的科研，这也是实验室多年来坚持的传统原则。LBNL 的研究领域涉及许多学科，实现多学科交叉，互相学习，互相促进，涉及生物科学、计算科学、地球与环境科学、能源科学、能源技术、物理科学六大方面，如图 1 所示。

图 1　劳伦斯伯克利国家实验室研究方向

在学科设置上以问题和应用为驱动，目标明确，给世界提供科学的解决方案。生物科学解决能源、环境和健康问题上面临的挑战，实现可持续生产；计算科学解决高性能计算和网络架构，为各专业提供计算支持；地球与环境科学通过气候和生态系统科学以及能源地球科学部门提供的综合团队的广泛专业知识，领导国家解决复杂的环境和能源挑战；能源科学提供为解决全球能源问题的方案；能源技术为解决全球能源问题提供技术支撑；物理科学探索从原子核心深处到宇宙最远边缘的物质的基本作用和粒子构成。不同学科在解决各自不同问题的同时，也交叉促进着其他学科的发展。例如，计算科学会在研究各种先进的机器学习算法的同时，也在努力将这些先进的算法应用到生物科学、地球与环境科学等的研究中。生物科学中先进的基因研究也会应用在地球与环境科学中。通过在不同领域解决不同问题，先进的知识和算法得到反馈，从而知道原有理论的局限性和边界，进而促进原有的理论、知识或者算法的进一步发展。学科交叉就像是世界贸易一样，大家开阔了各自的眼界，取长补短，促进整个科学世界的螺旋式进步。

3. 运行机制

（1）学术成果质量保证机制。该机制分为外部和内部保障。外部保障主要是美国能源部作为主管部门对实验室进行的严格的考核评估，设立了专门的实验室评估委员会负责具体评估工作。① 内部保障主要是实行内部评议制度，通过立项评议和跟踪评议等多种机制，对实验室资源进行分配和使用，以此促进竞争，激发实验室的创造性。后来，实验室又成立了学术与研究机构诚信办公室，负责实验室学术道德的建设和管理，对实验室研究人员的研究成果进行诚信鉴定。

---

① 李雨晨，陈凯华，于凯本. 国际一流国家实验室的管理运行机制启示：以美国劳伦斯伯克利国家实验室为例[J]. 全球科技经济瞭望，2018，33（10）：47-54.

（2）优秀人才引进与培养机制。LBNL 实验室的主任级别的选用一般是学术水平高、社会影响大的知名学者专家，其中包括诺贝尔奖获得者。实验室专门成立了劳动力多元化办公室，为不同文化背景、研究背景、性别的人员提供平等的工作机会。每年劳动力多元化办公室对各个科学部和管理部门等制定相应的人员多元化行动计划。

（3）资源共享机制。LBNL 实行对外开放，只要经过一定的程序和手续，国内外不同学科的科学家都可以利用这些先进仪器进行科学实验，从而提高实验室资源和设备的利用率，同时也提高了实验室的国际声誉。

4. 学术氛围

自由而合作的学术氛围是劳伦斯伯克利国家实验室的核心，正是在这种氛围下，劳伦斯实验室的科学家才能充分发挥自己的聪明才智，取得杰出的科研成果。实验室的研究人员在主要研究方向的范围内具有选择研究课题的自由，他们可以依照自己的兴趣，按照自己的方式做自己想做的研究，并且他们有着很强的主人翁意识和责任感，在实验室的政策会议上，每个人都有发言的自由，每个合理的建议都会被采纳。每个科学家在同一个研究领域的不同的细小的研究方向上成果累累，通过和同事的交流合作，他们又会发现在子学科交叉的地方还存在着新的需要开发的领域。他们通过交流合作，碰撞出智慧的火花，进一步推动着整个领域的发展。不仅如此，他们还会一起将这些想法包装成急需解决的科研问题，一起合作申请科研基金，科研项目也因此而生。自由和民主对于实验室的发展很重要，自由能带给科学家无限的发展空间和思维的创新，科研人员之间思想观念的交流是民主自由的延伸，它在自由的基础上给予科学家们被尊重感和自我价值的体验感，提升他们在实验室的地位，同时让他们有更多的机会去创新，去开发不同的交叉领域，去推动整个学科发展的边边角角。

三、我国高校科研平台创新发展的一点启示

高水平人才、高精尖仪器设备与大型科研项目紧密结合是劳伦斯伯克利实验室保持旺盛的原始创新与集成创新能力的重要因素。LBNL 拥有包括高能粒子加速器、高精度电子显微镜、大规模高性能计算机集群在内的国际一流的科研设备和装置，这为承担大型科研项目奠定了物质基础。另一方面，反映国家战略需求的大型跨学科研究项目，向科研平台提出更高要求和挑战，需要高水平研究团队、大型仪器设备的综合配套以解决现实世界中的复杂科学问题。① 这迫使科研平台不断吸收优秀科学家和工程师的参与。凭借高水平优秀人才汇聚、先进仪器设施配套、大型项目资助，LBNL 的科研平台建设才能如此成功。②

科研平台是仪器设备、研究项目与人才队伍的有机结合体，多元化的人才引进与培养机制和资源共享机制为 LBNL 实验室的协同创新提供了良好的制度环境，通过分析 LBNL 科研平台的建设成就和经验，可以获得以下三点启示：

1. 国家级科研平台定位要准，要有明确的发展方向

国家级科研平台必须根据国家科技发展方针，面向国际科技前沿和我国现代化建设，围绕国民经济、社会发展及国家安全面临的重大科技问题，开展创新性研究，培养创新型人才；符合国家、部门和地方的总体布局和学校科技发展规划，坚持整合资源，交叉融合，发挥特色，重点发展新兴、交叉学科。

国家级科研平台如国家实验室的研究方向及项目立项要真正瞄准国家重大需求和民生中的实际需求，根据国际前沿发展趋势，可

① 周岱，刘红玉，叶彩凤，等. 美国国家实验室的管理体制和运行机制剖析[J]. 科研管理，2007，28(6)：108-114.

② 周勇义，凌辉，张黎伟. 劳伦斯伯克利实验室科研平台的启示[J]. 实验室研究与探索，2013，32(7)：139-143.

以在若干方向设立重大研究项目，制定出详细目标与实现路线图。项目的设立主要从顶向下。可以预先征求专家意见，开展广泛的调研，通过高层次专家凝练出重大研究课题，然后通过专家委员会或者学术委员会评审，制定出项目指南，向全国发布，吸收全国力量参与申请和研究。但是，需要实验室固定研究人员参与和跟踪，保证项目能够按要求完成。对于已经有很好的研究基础，又符合实验室的发展方向，可以专门设置相应的项目支持该团队的研究，以加快原有成果的研究与转化。

除此之外，还可以设置一些前沿课题开展探索性研究，这种课题一般只发方向指南，由研究人员自设课题研究内容与目标。但是，这种课题要与实验室主体方向一致，并与重大研究项目有一定的关联。

2. 科研平台人员结构多元化，培养和聚集高水平人才队伍

科学研究最好通过具有不同专业领域的个人团队共同完成。"团队科学"概念是 LBNL 的遗产，没有高水平优秀人才汇聚，科学研究没有办法开展。

国家级科研平台如国家实验室可以设计为独立法人的研究机构，但是在人才汇聚方面，不要期望从全国不同的单位大规模调入研究人员，因为现有的高层次人才一般原单位不会放，原单位也没有积极性支持国家实验室的建设。另外，已有的高层次人才，往往都有一个比较大的团队，而涉及大团队的调动在当前体制下是比较困难的，特别是如果没有博士生指标，高层次人才的研究工作就很难开展。所以国家实验室的主要研究人员应该是流动的，既是大学教授又是实验室的研究员，也可以聘用部分专职研究人员，这些研究人员可以在大学挂职带研究生。

因此，国家实验室的人员主要有三类：一是管理人员和实验室技术人员，实验室要有一支强有力的专职管理队伍和实验设施管理维护及技术开发队伍；二是固定研究人员，在若干重要方向上有一些领军人才，这些人员以实验室为主，负责该方向的项目立项和发展，他们可以在大学兼职带研究生；三是流动研究人员，这些人员

的编制在大学或者其他研究机构，以项目聘用形式参与实验室的工作，而这部分研究人员在科研平台的初始建设阶段可能是主体。LBNL 中 239 位合作学者和 2043 名访学人员全部是流动人员。LBNL 登记的实验室使用人员和交流访问人员几乎是正式研究人员人数的 2 倍。LBNL 中有相当一部分人员是按照项目进行聘用的人员，实验室网站上会列出项目人员的需求信息，按照正式员工招进来，以任务为导向进行工作和建立考核机制。①

3. 建立完善的资源共享机制

集约科技资源，构建了数量适中、布局合理、学科兼顾的国际一流科研平台，并通过加强共享水平，提高了资源利用效率，进而带动实验室科技创新整体实力的提升。

推动实验室仪器设备、重大科研数据等科技资源开放共享，一方面为国内外科学家、杰出人才提供相应的科研条件和手段，使他们能够进行科技创新活动；另一方面，科研平台开放共享，打破科研条件和设备等部门和个人垄断，为所有愿意从事科研活动的人员提供必要的条件和场所，提供人才脱颖而出的沃土，为全社会的科技创新活动提供普遍的公共服务；另外，科研平台开放共享给实验室带来大量不同领域的科研人员，这些科研人员不仅学习和使用设备，完成科研项目，同时也带来丰富的科学创意和学术思想，为不同学术背景人员思想的碰撞提供了机会，从而也为科研注入了巨大的活力。② LBNL 通过一系列规章制度，向世界开放科研平台的大型先进仪器设备，提供了大量的实验室之间，实验室和科研机构、大学之间的合作机会，客观上也提升了 LBNL 的学术水平和国际声誉，对推动世界范围的科技进步也发挥了一定的作用。

---

① 范旭，张端端，林燕. 美国劳伦斯伯克利国家实验室协同创新及其对我国大学的启示[J]. 实验室研究与探索，2015，34(10)：146-151.

② 熊耕. 浅析美国大学中国家实验室的管理特点[J]. 高等工程教育研究，2011(1)：115-116.

四、总　结

　　国家级科研平台作为国家科技创新体系的重要组成部分，是国家组织高水平基础研究和应用基础研究、聚集和培养优秀科学家、开展高层次学术交流的重要基地，要充分实行"开放、流动、联合、竞争"的运行机制，整合高校、科研机构以及各部门的优质资源，发挥基础科技资源投入的重要作用，减少重复投入造成的资源浪费，营造良好的学术氛围，形成协同创新的新格局。

◎ 参考文献

[1]任春秀，韩春玲，吴琳.国家级科研平台对两创人才培养的促进作用[J].大学教育，2017(1)：138-139.

[2]李雨晨，陈凯华，于凯本.国际一流国家实验室的管理运行机制启示：以美国劳伦斯伯克利国家实验室为例[J].全球科技经济瞭望，2018，33(10)：47-54.

[3]周岱，刘红玉，叶彩凤，等.美国国家实验室的管理体制和运行机制剖析[J].科研管理，2007，28(6)：108-114.

[4]周勇义，凌辉，张黎伟.劳伦斯伯克利实验室科研平台的启示[J].实验室研究与探索，2013，32(7)：139-143.

[5]范旭，张端端，林燕.美国劳伦斯伯克利国家实验室协同创新及其对我国大学的启示[J].实验室研究与探索，2015，34(10)：146-151.

[6]熊耕.浅析美国大学中国家实验室的管理特点[J].高等工程教育研究，2011(1)：115-116.

美国一流高校推进国际化战略的举措和启示

——以 UCLA 学生国际化培养为视角

胡斯嘉

（武汉大学国际交流部）

一、前　言

　　高等教育国际化是世界经济一体化增速发展的必然产物。纵观世界一流大学，不论建校时间长短、学校规模大小，都积极制定和落实国际化发展战略，以此来提升他们的国际竞争力和国际话语权。

　　美国是全世界公认的高等教育强国，也是世界顶尖高校的聚集地。它以其完善的政策支持、丰富的资源配置和科学的管理机制保持了高等教育国际化的绝对领先优势。美国更是以国家战略的高度加强高等教育开放和国际化进程。加州大学伯克利分校、耶鲁大学、麻省理工学院等美国名校均制定了专门的国际化发展战略，旨在增加师生双向流动，吸引更多的留学生，推动跨国联合科研等。

　　改革开放之初，邓小平便指出"教育要面向现代化、面向世界、面向未来"；习近平总书记在十九大报告中明确提出"要加快一流大学和一流学科建设，实现高等教育内涵式发展"，体现了我国在社会主义现代化建设进程中对高等教育国际化建设的迫切需求。近年来，我国高等教育办学实力持续提升，国际化办学的意识与能力也不断增强，但与欧美顶尖高校相比，我国高校仍存在动力不足、意识不强、激励机制不完善等普遍问题。因此，总结分析、学习借鉴美国一流高校的国际化战略举措，将对我国高校探索国际化内涵式发展具有重要意义。

二、UCLA 的国际化战略布局

加州大学洛杉矶分校（University of California, Los Angeles, UCLA），公立常春藤高校之一，是加州大学系统中建立的第二所大学，也是美国最好的公立大学之一。① 近年来，该校发展势头迅猛，其综合排名、毕业生就业排名和福布斯排名等，均位居全美前列。UCLA 强劲的教学科研水平使其成为全美申请人数最多的高校之一，为其赢得了广泛的国际声誉。

UCLA 现任校长 Gene Block 曾在一次采访中提到，"最好的大学是真正国际化的大学"。UCLA 充分意识到推进国际化战略对于学校整体发展的重要性，并采取了一系列措施来达成这一目标，学校近几年重点推进了以下几项工作，如提升学校全球声誉、建设国际化校园、发展全球研究和国际化发展研究项目、举办全球化论坛、推行富布莱特项目等。

UCLA 的国际化战略并不是由单独某个部门来实施，而是由校内不同的部门协同推进。涉及国际化相关的办公室有国际化研究和全球合作办公室（UCLA Office of International Studies and Global Engagement）、学生出国事务办公室（International Education Office）、国际学生和师资办公室（Dashew Center for International Students and Scholars）、国际学生招生办公室（International Admission）和国际化研究院（International Institute）。国际化研究和全球合作办公室负责

① UCLA 在 2018—2019 Wall Street Journal、Times Higher Education 以及 US News 多个排名中均高居美国公立大学第一，在 2018 年 QS 毕业生就业力排名中位列世界第二，在 2018 福布斯最具价值大学排名中位列全美第一，在 2019 年世界大学学术排名、2019 年泰晤士高等教育世界大学排名、USNews 世界大学排名等榜单中均名列世界前 20。

UCLA 国际化工作的全校统筹和规划，其他部门参与并高度配合，确保学校国际化战略的有序推进。

在 Gene Block 校长看来，大学国际化之所以重要，原因有以下两点：第一，UCLA 的很多学生毕业后选择到国际性组织或机构任职，所以在校期间我们需要培养他们的基本国际化素养；第二，如何让 UCLA 的学生今后具备解决一系列国际问题的能力和视野，可以通过派他们出国学习和让我们的校园和学术项目更加国际化等方式开展。

因此，对于 UCLA 来说，学生的国际化培养是实现学校国际化战略的重要前提，也是重要举措。培养具备国际视野、全球理念、国际社交能力和竞争力的学生是 UCLA 办学的重要发展目标。

三、UCLA 学生国际化培养的举措和成效

(一) 多渠道的出国项目

UCLA 与全球 50 个国家的 200 所高校建立了合作关系，并签署了 350 份科研、教师和学生交流协议。通过这些交流关系，UCLA 开拓了一批学生海外学习项目，加大学生国际化力度。

UCLA 目前的学生出国项目，主要分为三类：加州大学出国教育项目 (UC Education Abroad Program，UCEAP)、暑期学校项目 (Summer Travel Study) 和交换生项目 (exchange program)。UCEAP 项目是加州大学海外教育计划，于 1962 年设立，服务于加州大学系统里的十所高校，为学生提供赴全球 40 个国家交流学习的项目，学生如果申请 UCEAP 项目，还可以申请各类奖学金，支持其出国交流；暑期游学项目为 UCLA 学生提供多达 19 个国家的海外暑期课程，涵盖语言、历史、政治学、全球健康、社会学等 16 个领域；交换生项目主要由国际化研究和全球合作办公室协调组织，与 UCEAP 项目在交流学校上有所区别。

（二）国际化的教学科研氛围

UCLA 一直致力于打造国际化、多元化的校园，将全球化视野融入他们的课程建设、校园建设的各个方面。Gene Block 校长指出，每一个学院都在不断加强自身的国际化建设，如戏剧、电影和电视学院、安德森管理学院、格芬医学院等；国际化的科研中心如人权希望研究院、法学院、拉美贫穷与健康中心，也是 UCLA 校园的重要组成部分；科学家们也在积极寻求国际合作，与国外高校共同申报科研项目。另外，UCLA 拥有多达来自 110 个国家的 12000 名国际师生，该国际师资比例在全美高校中排名第三。因此，UCLA 本身就是一个国际人才的聚集地，这为 UCLA 营造国际化的教学科研氛围提供了有力支撑。

1958 年，学校专门成立了国际化研究院，它整合了 UCLA 国际化科研与学术资源，是一个校内集全球化和区域研究为一体的跨学科研究中心。研究院采用多国语言教学，提供 6 个本科生专业和 3 个研究生学位项目，研究领域包括全球化、国际发展、全球健康、国际移民等。研究院鼓励学生去学习其他国家的历史、政治和文化；掌握一门外语；培养与外国人有效工作的文化敏锐度。由此可见，国际化研究院在 UCLA 建设国际化校园、增强学生的国际化视野中占据了非常重要的地位。

（三）完善的奖学金资助体系

UCLA 鼓励学生出国交流，并构建了非常全面系统的奖学金资助体系，满足学生的不同需求。如针对参加 UCEAP 项目的学生，学校基于学习目的国、项目种类等设立了 7 类奖学金，奖励金额从 1000 美元至 2000 美元不等。对于暑期游学项目，学校设立了 9 类奖学金，学生如果申请成功，可获得 500 美元至 2000 美元的资助，部分项目（如 UCLA Travel Study Scholarship）可全免项目费。

对于在校内从事全球化高端研究的学生，学校也专门设立了研究生奖学金、语言学习奖学金，并为会议、出版和跨学科项目提供资助。另外，Gene Block 校长还发起了校长百年奖学金计划（The

UCLA Chancellor's Centennial Scholars)，目标是到 2020 年共筹集 2000 万美元，帮助学生获得海外学习经历或资助他们的全球化研究。

(四) 丰富的品牌活动

UCLA 每年都会举办长达一周的国际教育周（International Education Week)，学生有机会参加学校精心策划的一系列国际交流活动，如国际化论坛、项目宣讲会、留学经验分享会、校友职业论坛、国际展览、文化体验活动等。该活动涉及面广，是 UCLA 的品牌活动之一，由校内多个部门共同协调完成。UCLA 希望通过国际教育周，让学生充分认识国际教育的重要性，了解与世界联通的渠道；让学生充分享受学校的国际化资源；获取更多人对国际教育和出国交流项目的支持；加大外部对学生出国奖学金的支持力度等。

四、启示与建议

(一) 以"大外事"理念落实联动机制

我国高校应树立"大外事"理念，加强顶层设计，整合全校不同院系、不同部门的国际化资源，建立完善学校国际化发展机制。学校实施国际化战略、建设全英文课程、建设国际师资队伍等，需要进行统筹规划，调动科研、教学、行政三股力量共同实现。有效的联动机制将为学校大力发展国际化事业、培养国际化学生扫除障碍，提供制度保障。

(二) 夯实奖学金体系的支持力度

目前，我国高校针对学生国际化培养的奖学金种类偏少、数额较低。系统健全的奖学金资助体系能够有效推动学生交流项目的实施和鼓励更多学生获取海外学习经历。高校应加大对学生出国的奖学金支持力度，优化奖学金设置，扩大出国奖学金的影响力，为学生的国际化培养争取更多的外部支持。

（三）优化校园国际化软环境

对于我国高校，营造国际化的校园氛围，不仅需要加强国际化师资队伍建设和全英文课程建设，提升管理队伍国际化水平，更需要将国际化融入学校的办学理念、制度、环境等诸多方面，不断优化国际化办学的软环境。学校应通过举办国际文化节、海外交流周、国际教育周、国际法庭等活动，提高学生的国际交流能力，培养学生的全球视野。

◎ **参考文献**

[1]郜正荣.全面推进高等教育国际化的几点思考[J].中国高等教育，2016(5)：18-20.

[2]申超.高等教育国际化概念辨析[J].全球教育展望，2014，43(6)：45-53.

[3]崔淑卿.美国高等教育国际化的兴起、发展及演进[J].现代大学教育，2012(6)；37-42.

[4]刘江南.美国高等教育国际化动向及其战略意图[J].中国高等教育，2011(9)：60-62.

[5]黄福涛."全球化"时代的高等教育国际化：历史与比较的视角[J].北京大学教育评论，2003(2)：93-98.

[6]陈昌贵.国际合作：高等学校的第四职能：兼论中国高等教育的国际化[J].高等教育研究，1998(5)：11-15.

[7]陈学飞.高等教育国际化：从历史到理论到策略[J].上海高教研究，1997(11)：59-63.

[8]https：//www.global.ucla.edu/aboutus.

[9]https：//www.internationalcenter.ucla.edu/.

[10]http：//international.ucla.edu/institute/about.

浅析美国高校预防和惩治腐败实践方式

黄 俊

（武汉大学纪委办公室）

2019 年 3 月 12 日，美国司法部公布将在美国范围内起诉 50 名涉嫌在斯坦福大学、耶鲁大学、加州大学洛杉矶分校、南加州大学、圣地亚哥大学、得克萨斯大学、维克森林大学和乔治城华盛顿大学等美国顶尖名校录取中进行作假欺诈的人员，其中包括 2 名 SAT、ACT（又称"美国高考"）的考试管理人员，1 名监考人员，1 名大学行政管理人员，3 名机构组织者，9 名涉及大学的体育教练和 33 名家长。主要被告人威廉·辛格主要通过收买 SAT/ACT 考试人员对分数进行作假以及收买顶尖大学体育教练为学生制作虚假运动档案等方式，帮助这些家长的孩子们进入理想的大学。2011—2019 年，该机构从家长们手中收取近 2500 万美元，号称美国大学"史上最大的招生欺诈案"。此案涉及所谓富人特权以及美国传统大学招生制度的合理性，引起美国上下一片唏嘘，也再次引起了国内对"教育公平"问题的高度关注。2019 年 7 月，笔者有幸参加了武汉大学第三期青年管理干部出国研修班，恰巧赴美研修的高校中包含了该招生腐败案件涉及的其中三所（斯坦福大学、加州大学洛杉矶分校、南加州大学），在研修期间，本人重点围绕美国高校预防和惩治腐败方式进行了梳理和调研，希望能够对我国高校预防腐败问题提供一些借鉴。

一、美国高等教育领域权力腐败的含义及类型

1. 美国高等教育领域权力腐败的含义

美国对高等教育领域的腐败问题研究从 20 世纪 50 年代开始，自 80 年代后逐步增加，近十余年来研究开始增多。联合国教科文国际教育规划研究所将教育腐败界定为利用权力，对教育升学、质量和公平等事务施加了影响，无论轻重和结果，其实都是一种"腐败"行为。在美国除专门的学术研究外，一般回避使用"腐败"字眼，舆论和学校主要使用的还是"学术不端""剽窃""行为不端""不诚信"等词语。美国学界从腐败行为的主体和腐败行为发生的领域进行分析，高等教育权力腐败可以区分为"学术腐败"和"业务腐败"，前者的腐败主体主要是教师，对学生产生直接的、可见的影响，后者则主要发生在管理人员身上，对学生产生间接的、潜在的影响。

2. 美国高等教育领域权力腐败的类型

美国高等教育领域权力腐败基本可以概括为三种类型：经营权力腐败、管理权力腐败和学术权力腐败。

经营权力腐败主要指在高校与市场产生经营性关系的过程中，学校的管理者、采购人员或教师利用职权或掌握的资源来实施的腐败行为。其中比较典型的就是在建筑工程招标、教学和办公用品购置、服务购买等领域，市场上的供应商通过赠予现金、礼物等不当行为来打通校内关系，与大学的有关管理人员、采购人员或教师形成默契，以获取大额的购买合同及建立长期的合作关系。这些腐败行为给供应商带来的附加成本，通常会被隐性涵盖于商品或服务的报价中，从而抬高购买费用，或降低产品质量。在美国高校中，师生们往往是这些商品或服务的终端用户，因而受到质量不达标的商品或服务的损害，成为经营权力腐败的受害者。

管理权力腐败主要指在高校的管理工作中，由于管理者不当行

使职权而产生的腐败行为。比较典型的情况体现在职务晋升、招生就业、人员招聘、工作分配等方面，如利用裙带关系给予特殊照顾的徇私、学校资金挪用、为考生和学生提供作弊等。由于高等教育的管理行为往往与所在地域、地区的政治制度和社会生态有密切关联，管理权力腐败的发生并不仅仅是学校内部管理的问题，而往往有着深层次的政治和社会根源，也经常牵涉到利益集团、政府部门、官员及诸多社会关系，如美国州政府与大学之间在资金、学生资助、项目资助、非营利事业审批、税收优惠等方面，企业与大学之间在带有利益倾向的研究、教育信贷、健康保险欺诈等方面。

学术权力腐败主要指高校教师利用自己的学术地位和教师身份，在科研评审、成果认定、学位授予、成绩评定、教育教学等学术活动中发生的腐败行为，如在学术研究、学术资格审查、健康保险、管理和提供信息中的欺诈等。由于师生之间天然的不平等关系，导致教师与学生之间各种各样的贿赂、行为不端、无偿或随意使用学生等问题发生。教师对学生的成长有着重要的示范作用，他们的腐败行为可能会产生长远的负面和不良影响，更容易对学生造成伤害，因此美国高校对此更加重视。

二、美国高等教育预防腐败的行政管理机构

美国是联邦制国家，其在高等教育领域预防腐败的行政管理机构设置主要是采取联邦顶层设计+各联邦部门相应政策和机构制定。美国国家对教育腐败的防治体系的构建目前没有形成单独的法律体系，主要是基于2000年12月6日由总统科技政策办公室行政处颁布的《联邦学术不端政策》构建的行政政策体系，规定：学术不端的界定；学术不端行为的发现；联邦机构与学校（研究机构）的责任；公平和及时处理等。比如对各机构的责任，该政策规定，联邦各机构都要对自己所设科研基金制定学术不端处理办法，各机构不得将提交上来的申诉发回学校处理。同时，根据联邦政府要求，联邦教育部、健康与公共服务部等与教育和科研密切相关的部门也制定了相应政策，这些政策主要针对拨付和执行的科研基金使

用监督和学术不端问题处理。联邦教育部设总督查室，对高等学校出现的涉及联邦教育资助经费浪费、欺诈、滥用等问题行使独立调查权并设有举报热线；联邦健康与公共服务部是美国除军方外拥有科研基金量最大的部门，这些基金很大部分为美国高校所得，该部门的学术诚信办公室主要有四个职能部门：主任办公室、调查监督处、教育和诚信处、法律顾问部，其职责主要是对"公共健康基金"使用中的诚信问题进行监督和指导；协助副部长对学术不端行为进行监察和行政处理；制定和协调确保公平调查和处理的相关政策和程序，包括学术不端行为的分类、听证程序、调查和指控的时间安排和举报者保护；管理每年 900 万美元的学术不端监督专项预算；指导本部门的其他工作，比如对监督和调查学术不端进行咨询、对高校开展学术诚信和学术腐败预防的教育和培训、开展相关的研究和评估项目等。

三、美国高等教育领域腐败防治的主要方式

由于美国文化背景的同质性和其高等教育制度的相互影响性很强，纵观美国大学制度发展，其腐败的防治机制主要有以下六方面：

1. 采用"共同治理"的内部治理模式

笔者开展研学的高校加州大学洛杉矶分校、加州大学伯克利分校属于美国最大的公立大学系统——加州大学系统，该系统有 10 所分校、5 个医学中心、3 所国家实验室，并在全州设立了多家研究中心，加州大学有近 30 万名学生、180 万名校友，其总校单独设在奥克兰市，是纯粹的管理机构。长期以来加州大学一直沿用共同治理的模式，该模式属于目前较为成熟的综合性公立大学治理模式，共有三个权力系统共同参与内部治理，分别是学术、行政、董事会。学术评议会代表学术权力系统，是保障教师和学术人员学术自由和参与内部治理的权力机构，学术评议会主要负责讨论与制定教师、学生、教学、研究等与学术有关的政策，并履行大学内部事

务的学术听证特权；以校长为首的行政权力系统是大学的运行管理和政策执行系统；而董事会作为选民、立法机关、学生的公共受托人，代表社会力量即加州人民参与内部治理。三个权力系统在工作中频繁交流互动，学术评议会在讨论制定学术政策时，要与校长、董事会保持沟通，在向董事会提交政策审议之前，必须要与校长咨询；行政系统在政策执行过程中也要接受学术评议会的政策咨询，遇到有争议的问题或重大事项，需向校长和董事会汇报；董事会作为加州大学最高权力的决策机构和法人，有权制定大学的发展规划并审查各分校执行情况，负责如加州大学校长及各分校校长、副校长等重要人事遴选和审核。由此可见，通过共同治理实现分权而治，强化内部权力运行相互制约，达到预防腐败是加州大学作为世界一流公立研究型大学的重要保证。

2. 将"阳光法案"引入公立大学治理

"阳光法案"又称"信息自由法"，是应用于促使美国政府机关的信息向民众公开的一个通称。阳光法案的适用范围主要包括：接受或使用公共经费的机构；履行公共服务的机构；制定公共决策的机构等。根据这些标准，几乎所有的美国公立大学都适用阳光法案，美国的私立大学虽然没有接受公共资助，可以不受阳光法案的限制，但作为一种自我约束，越来越多的私立大学也会公开相关的会议与记录。在美国公立大学的日常运行中，阳光法案服务于以下一系列目的：院校的效率与效能、学术诚信、财政稳健、财务监督以及决策程序和结果的公正。由于有多个目的，因此阳光法案几乎影响到美国公立大学运行的各个主要方面，包括董事会的协商与发展、校长的搜寻与甄选、人事政策、研究与知识产权议题、预算决策与资源分配、投资与金融控股、商业谈判与交易、隶属于大学的基金会和筹资以及体育运动项目等。根据美国州政府关于阳光法案的要求，除了州议会批准的特定豁免事项外，公立大学需要公开会议和公开记录。就公开会议而言，许多州政府规定美国公立大学董事会以及校内各种委员会召开的会议，只要议事内容涉及公共利益，任何一个公民都有权参加，学校需要提前发布会议召开的时间、地点与议事日程，并做好会议记录；就公开记录而言，指涉及公共利益的文档、文件、信件、地图、图书、磁带、照片、胶片、录音、数据处理软件以及其他材料，无论是物理形式还是电子形式，无论是以何种方式传播，公众都可以获取。美国许多州政府规定，任何一个公民都可以审查和复印这些公开的记录。公民如果想要获得这些记录，可以打电话或写信向专门负责保管这些记录的人员进行索取，个人无需阐明意图或特别利益，也无需展示个人的身份。如果法院发现美国公立大学违反阳光法案，大学的相关负责人（如董事会成员、校长等）有可能需要接受刑事或民事处罚，并且其他相关的表决投票或其他行动也将失效。

3. 强化高校教职员工"利益冲突"约束机制

随着现代大学的不断发展，其自身与校外组织机构间交往的日渐广泛、紧密与复杂，导致大学的教职人员在从事校外活动的过程中出现了校内责任与校外责任、校内利益与校外利益的冲突与矛盾。简单地说，大学利益冲突是指大学全体教职人员的私人利益与其承担的管理角色及教学科研职责之间的冲突，是大学腐败和教师行为不轨产生的重要根源。美国高校利益冲突管理最早源于对科学研究中不规范行为的关注。目前，所有高校基本上都有关于教职人员责任冲突和利益冲突的政策规定，要求所有教职人员披露利益冲突信息，如要求主持项目研究者披露利益信息，要求披露直系家庭成员的利益信息等。早在 1975 年 12 月，斯坦福大学就针对学术性教职人员（包括从事学术活动的教师、研究员和图书馆工作人员）从事校外咨询可能产生的冲突出台了《关于学术性教职人员的责任冲突与利益冲突的政策》。然后，斯坦福大学又在此基础上出台了《关于教职人员的责任冲突与利益冲突的政策》。该政策由学术委员会评议会于 1994 年 4 月 14 日批准运行，并于 2004 年 12 月 2 日修订，是斯坦福大学针对所有教职人员（包括行政官员）在责任冲突与利益冲突方面的政策，任何违反该政策的教员都将受到相应处罚。斯坦福大学强调该项政策的目的是：对教职人员进行教育，使他们了解可能产生冲突的情形；为教职人员和学校提供处理冲突的方式；促进学生和其他受教职人员指导的人员的利益最大化；明示必须禁止的行为。可见，政策的目的主要是告知、教育、警示、预防。为此，斯坦福大学要求每位教职人员都必须熟知并遵守此政策的所有条款。一旦出现可能导致责任冲突或利益冲突的情形，教职员工必须立刻与所在系/部主任、院长或副校长、科研处处长进行讨论，从而促使教职人员较好地在行为处事上尽量避免或减少利益上的冲突，以及当冲突发生时能够正确地作出反应。

4. 注重开展高校内部审计工作

高校内部审计旨在检查和评价高校的业务和管理活动，以协助管理人员有效履行职责，并向他们提供有关分析建议。同样以加州大学为例，其注重开展内部审计工作为加州大学系统提升治理效能、优化内部功能结构发挥了十分重要的作用。2006 年 5 月，董事会设置了首席合规和审计官职位，由副校长担任，首席合规与审计官通过合规与审计委员会直接向董事会汇报，负责开展加州大学的合规和审计业务。目前，加州大学内部审计已经发展成为由 12 个内部审计机构组成的内部审计系统，其在首席合规和审计官的领导下，为学校董事会、校长、各校区校长以及实验室主任等提供独立和客观的保证和咨询服务，目的是增加学校价值和改善运营过程。内部审计通过与管理部门的沟通、合作，监督其工作，从而确保加州大学各层级的风险管理、控制和治理过程有效、充分。加州大学内部审计的工作范围主要包括：审查资源是否被有效利用，并得到充分保护；审查是否对潜在的舞弊进行评估，并采取措施降低舞弊风险；审查财务和运营信息是否准确、可靠、及时；审查风险管理过程是否有效的，重大风险是否被识别并被恰当地管理；审查是否正确认识和处理影响组织的重大立法或法规遵从问题；审查信息技术的使用和管理是否符合大学的战略、目标和隐私要求，信息技术安全控制是否充分，并符合相关的政策、规则；审查项目是否完成，计划和目标是否实现等。同时，加州大学内部审计部门还为增加学校价值和改进学校的运营而提供咨询服务，但内部审计仅仅是建议，而非决策。

同时，根据加州大学的举报政策，内部审计还提供调查服务，对举报的事项进行独立评价，例如滥用资源、舞弊、财务违规、显著的控制弱点和其他不道德的行为等调查，并配合司法部门开展对涉嫌经济犯罪行为的打击。内部审计系统由于其专业化水平，成为目前美国高校最为重要的内部独立监督与审查部门，对预防和惩治腐败行为发挥了极其重要的作用。

5. 构建和培育坚持诚信的道德体系

美国最早的高校预防腐败机制起源于建立的学术诚信制度，即著名的"荣誉准则"制度。该制度是美国开国元勋之一托马斯·杰弗逊受培养他的威廉·玛丽学院影响，在其创办的弗吉尼亚大学实施的，后来很多学校相继效法。该制度主要侧重于对学生的学术诚信进行道德约束，建立学生个人或集体对学术诚信的承诺，承诺人要对本人和所在学校的荣誉负责；同时也是传递学校对学术不端行为的坚决态度。当今在美国和我国大部分学校学生论文前的"声明"实际就是"荣誉准则"的体现。200 多年来，虽然这项制度在内容和形式上有所发展，各种称呼也都不一，但主要精神和内涵没有变化，逐渐培育起了美国大学学术诚信的道德氛围，对净化学术环境、预防学术腐败发挥了重要作用。一些学校还将其详细写入学校章程。目前，美国几乎所有的大学都将"荣誉准则"发展成了严谨的反学术不端政策。

6. 运用司法手段严厉打击高校领域腐败行为

美国高校的腐败问题也会引起司法介入，此类腐败案件主要涉及不符合条件而获得联邦基金、学生贷款垄断、学生录取腐败、联邦项目资金违规使用、教育质量欺诈、研究成果欺诈和虚假广告等问题，本文开头提及的招生腐败案就是最好的例子。其他案件如 2006 年加州的查普曼大学和 2010 年凤凰大学与联邦就获得学生资助资格问题的诉讼；2007 年纽约州总检察长对一些学院的财务人员向学生提供贷款银行名单的调查。教育质量案件主要涉及"野鸡"大学文凭问题，研究成果欺诈案件主要发生在大学附属医院使用医学研究成果后与患者和保险公司之间。在美国司法反腐实践中，高校腐败案件诉讼通常视不同问题援引不同的法律。美国是判例法国家，法律对高校相关问题的判决对于高校的反腐败或澄清问题均可产生重要影响，如麻省理工学院等常青藤高校在研究生招生时减少奖学金或联邦学生补贴案的胜诉，实际上是承认了高水平大学有权根据人才培养需要调整政策。

笔者经过梳理汇总了美国高校目前用于预防和惩治腐败现象的主要方式，其实不难看出，上述做法目前在我国高校有一定程度的运用和体现，如我国大学治理体系以"党委领导、校长负责、教授治学、民主监督"为内核，就体现了行政权力、学术权力、监督权力的相互制约；高校主动进行信息公开类似于阳光法案的目的要求；教育主管部门以及各高校制定的对教职人员规范行为的规定，体现了利益冲突的内涵；高校纪检监察部门和审计部门对于廉政风险的预防经济责任审查是目前重要的内部监督机制；积极引导培育良好学术诚信氛围、国家司法部门对考试欺诈行为入刑等，则是在培育良好社会风气，它是正向引导与反向震慑两方面的具体实践。我们作为高校教育工作者，还需要进一步结合我国高等教育实际运行规律，进一步深入研究国外高校好的经验做法，真正做到取其精华，最终实现立德树人这一根本目标。

◎ 参考文献

[1]袁东. 美国高等教育的腐败和防治[J]. 中国高等教育，2014（17）：62-63.

[2]韩晓燕. 加州大学内部审计的特点及启示[J]. 合作经济与科技，2018(21)：178-179.

[3]刘爱生. 阳光法案对美国公立大学治理的影响[J]. 浙江师范大学学报(社会科学版)，2018，43(3)：86-94.

[4]陈中润，汪佳莹. 高等教育领域权力腐败的观测框架国际比较与借鉴[J]. 高校教育管理，2017，11(3)：15-22.

[5]彭熠. 美国大学教职人员责任冲突与利益冲突的政策分析：以斯坦福大学为案例[J]. 大学教育科学，2008(4)：95-97.

［6］Stanford University. Research Policy Handbook. Faculty Policy on Conflict of Commitment and Interest. Document 4. 1. Dec. 2, 2004.

［7］http：//www. stanford. edu/dept/DoR/rph/4-1. html.

美国一流大学管理特点及其对
武汉大学"双一流"建设的启示

梅海涛

（武汉大学党政办公室）

　　"双一流"建设是党中央、国务院作出的重大战略决策，为我国高等教育强国梦的实现提供了明确的战略目标和方向。"双一流"战略中有关建设与改革的 10 项重点任务，其中一项就是完善大学内部治理，实现治理体系和治理能力现代化。科学、合理、高效的治理体系是推进大学高质量内涵发展的动力，是实现"双一流"建设目标的重要保障。近年来，我国高校内部治理体系和治理能力现代化水平取得了不少进步，但与世界一流高校相比还存在不小差距。美国作为目前世界高等教育最发达的国家，在高等教育领域处于领先地位，在大学治理方面积累了许多成功经验。学习、借鉴美国高校的治理体系和管理模式，有助于我们探索出符合我国高等教育发展规律的管理办法，更好地推动"双一流"建设目标的实现。

一、卓越的文化引领

　　大学精神是一所大学的灵魂所在，它能够在潜移默化中塑造师生的世界观、价值观和人生观。卓越的校园文化对于大学的发展有着巨大的引领和凝聚作用。

　　美国的一流大学非常注重大学精神的培育与传承，并且普遍贯彻一个理念，即尊重学术自由，追求学术卓越。他们对于学术自由非常重视，认为学术研究是大学最重要的使命，保障学术自由是学术研究的基本前提。比如，斯坦福大学的校训为"自由之风永吹拂"，鼓励独立思考、敢于质疑和批判精神，体现了斯坦福大学追求学术自由、追求学术创新的开拓进取精神。加州大学伯克利分校的校训为"愿知识之光普照大地"，同样体现了对学术的不懈追求，使人们对知识和真理产生渴望。该校将追求学术卓越作为重要的办学理念，并将其作为衡量学校一切人和事的标准，在几十年的时间里一跃成为世界一流大学。

除校训之外，大学精神的承载物还包括文化设施、文化产品和建筑等。美国一流大学都有象征本校的吉祥物和代表色，校园里的文化符号也随处可见。以加州大学洛杉矶分校为例，该校的代表色是蓝色和金色，吉祥物是 Bruins（熊），学校昵称为 Bruins。"Bruins"精神：正直、卓越、责任、尊重、服务，也是 UCLA 的核心价值观。Bruins 的象征符号贯穿于校园生活的各处，在校园的 Bruin Plaza 上伫立着一尊醒目的 Bruin 熊的铜像，UCLA 的学生证叫 Bruin Card，公交车叫 Bruin Bus。此外，UCLA 还有非常丰富且精美的校园文化创意产品，如品类齐全、质优物美的校园文化服饰、文具用品、装饰品等。这些文化产品大多具有鲜明的色彩和优美的设计，易于让年轻人接受。无处不在的特色文化象征让人感受到学校文化的厚重感和大学精神的熏陶，产生强大的凝聚力，使人获得精神上的认同感和自豪感，也获得力量和鼓舞。

二、多元的治理主体

美国现代大学采取的是共同治理结构，有多元的治理主体。主要治理主体有三种：以校外人员为主组成的董事会、以校长为代表的行政权力和以教师为核心代表的学术评议会。这种结构较好地兼顾了学术自由与公共利益、决策的高质量和执行的高效率之间的关系。

以加州大学伯克利分校为例，伯克利分校的治理结构是由加州大学董事会、分校校长及行政部门、学术评议会三部分组成。董事会从宏观上把握学校发展的方向和脉络，校长作为首要执行官执行董事会的决议并协调学校行政方面的工作，学术评议会负责学术方面的事务，确保大学教学与科研协调发展，使学术权力与行政权力充分发挥各自的作用。学术评议会是伯克利分校进行学术管理的主要机构，对大学重要学术事务进行审议和提供咨询，为学者参与学校治理提供组织保障，是汇聚多元意见的平台。所有与学术有关的事务，都要由学术评议会决策，主要包括：授权、批准和监督课程；确定招生、证书及学位条件；就图书馆建设、预算等重要议题向校长提出建议；负责评估影响教师福利和学术环境的具体事宜；参与物色院长和校长人选；促进教师职业发展和教师队伍质量提升；维护教师职业环境，保护学术自由等。伯克利分校学术评议会整体上以学术人员为主，行政人员占少数，从而保证学术权力的主导地位。学术人员包括各个职称级别的教师代表，这些成员在评议会中都具有相同的地位。

不同的治理主体通过良性的互动推动学校事务发展。比如学术评议会在制定学术政策时，要与校长、董事会保持沟通，在向董事会提交政策审议之前，必须向校长咨询；行政系统在政策执行过程中要接受学术评议会的政策咨询，遇到有争议的问题或重大事项，需向校长和董事会汇报。

三、学院的高度自治

学院作为大学组织机构的基础单元，是大学学科发展、教师管理和学生管理的载体，是大学治理的关键环节。美国一流大学有清晰的校、院、系三级权力结构，在学校事务中有各自的权责范围。他们的管理重心在学院，学院具有很强的独立性，在学术事务、人才培养，以及人、财、物等方面拥有高度自主权，包括专业课程的设置与改革、教学人员的人事问题、本科生入学标准及第一级专业学位的授予等。比如教授聘任和教师职务晋升，斯坦福大学和加州大学洛杉矶分校都将权力交给了各学院，学校在这一方面主要起到最后审批和执行监督的作用。又比如研究生招生计划等指标，加州大学洛杉矶分校是由学院自己根据实际情况上报学校,而不由学校下达。

在权力结构上,美国大学的学院主要采取行政权力与学术权力的二元权力结构,两者相互配合又相互制衡。以院长为首的行政体系主管行政事务,以教授委员会为主的学术系统主管学术事务,分工明确,互相配合,共同促进学院发展。

四、开放的办学体系

美国一流大学是在不断适应社会需要的过程中发展起来的,开放性是其重要特征之一。开放办学能够极大地丰富学校的办学资源,提升学校的办学水平,同时推动社会的进步。美国大学的开放性主要体现在以下三方面:国际化水平高,服务社会能力强,校友联系紧密。

在美国大学的校园里,随处可见各种不同肤色的学生和老师,来自世界各国的优秀人才汇聚一堂。美国大学将国际化作为大学战略规划的重要发展目标,在世界各地以各种形式广泛进行招生宣传,以丰厚的奖助学金吸引外国优秀学生赴美留学;同时大量录用有国际背景和国际视野的教职员工。比如加州大学洛杉矶分校的国际学生有近 7000 名,来自世界各地 49 个国家;斯坦福大学招收的研究生里 1/3 为国际学生。为加强国际交流,很多大学面向全球开设暑期课程,加州大学洛杉矶分校暑期项目提供超过 1000 门课程,以及不同时长的学习周期,每年吸引大量来自世界各地的学生前去学习。

服务社区也是美国大学的一大特点。很多大学在学校战略规划中将社区参与作为一项重要内容,主动服务并参与社区建设,与所在社区构建了良好的伙伴关系,相互促进,共同发展,实现双赢。加州大学伯克利分校将社会服务作为重要的战略选择,帮助加州本地的农业获得巨大发展;同时也为工业提供技术和人才支持。在伯克利分校和斯坦福大学周围汇聚了 3000 多家高科技产业和研发机构,直接促进了加州经济的增长。

美国一流大学都有深具特色的校友文化。南加州大学非常重视培养学生互帮互助和回馈母校的意识，校友工作非常细致。校友在生日或者重要日子会收到母校的祝福，与母校的联结伴随终生，在回馈母校时也不遗余力。加州大学洛杉矶分校有150人的专门团队负责捐赠相关事宜。该校以建校100周年为契机，在2014年启动了一项五年期捐赠活动，目标是募集42亿美元，2019年已募集到50亿美元。

五、专业的服务体系

美国一流大学的管理服务体系呈现出高度专业化、职业化的特点。以学生工作为例，美国高校学生工作管理人员大多具有教育学、心理学、管理学博士学位，或者是专业的心理咨询师、学业咨询师等，他们在给予学生相关方面的咨询和指导时，能够起到较好的效果。大学在服务学生的内容方面非常广泛，具有多样化、系统化的特点，涉及学生成长的方方面面。如斯坦福大学学生工作除了注重学生的身心健康外，还关注多样性和包容性、社交和归属感等。

六、对武汉大学"双一流"建设的启示

总的来说，美国一流大学的管理呈现以下特点：从精神文化的营造来看，强调大学的本质属性为学术属性，学术氛围浓厚、学术环境良好；秉持追求卓越的态度，在办学的各个方面都坚持高标准，并不断自我突破；有着极富凝聚力的特色校园文化，师生有高度的身份认同感和文化自信。从内部治理体系看，一般形成了比较稳定且合理的、行政体系和学术体系共同治理的权力结构，特别注意保障学术权力在大学治理中的主体地位，充分发挥学者在学校治理中的作用。大学管理的重心在学院，学院自主权较高，自我发展的积极主动性也很高。从与外界的联系看，具有开放包容的特点，积极主动服务社会，大力推进国际化，在与外界良好的互动中实现

双赢。从公共服务水平看，注重人性化，具有专业化、职业化的特点。

美国一流大学的管理特点是在长期的办学历程中，根据所处的历史方位、国情和自身发展实际而形成的。我国的国情和高等教育制度和国外有很大不同，不能忽视不同之处而将这些经验和模式直接照搬到中国的"双一流"大学建设中，但是我们可以从中感悟、汲取好的理念、思路和举措。

一是要进一步强化"尊重学者、崇尚学术"的理念，形成"学术至上、学者为大"的强烈共识，营造浓厚的学术氛围，推动、激励广大教职工潜心钻研学问，积极探索创新。二是要完善学术治理体系，强化学术组织职能，充实学术治理队伍，真正让学术权力在其治理范围内充分发挥作用，为教师从事教学科研提供坚强保障。三是要提升管理服务水平，以专业化和职业化为导向，推动管理人员从非专业人员向专家型转变，推动行政管理职能从管理型为主向服务型为主转变，创造出一个让师生安居乐业、愉快学习生活的首善之区。四是要进一步扩大开放办学，大力加强和国际一流大学的交流合作，促进自身水平的提升；积极争取外部资源，以服务求支持，在与外界合作中实现双赢。

◎ 参考文献

[1]李立国，张翼．美国研究型大学学院治理模式探析[J]．清华大学教育研究，2016(6)：15-27．

[2]谷贤林．一流大学之路：加州大学伯克利分校发展研究[J]．清华大学教育研究，2005(4)：65-72．

[3]徐少君，眭依凡，俞婷婕，等．加州大学共同治理：权力结构、运行机制、问题与挑战[J]．复旦教育论坛，2019(17)：5-11．

[4]刘金祥．科学界定高校、政府和社会三者关系[J]．公共管理研究，2012(3)：12-14．

美国加州大学行政管理研究及其对
我国大学行政管理的启示

梁 越

（武汉大学文学院）

一、引 言

作为世界上最具影响力的公立大学系统，加利福尼亚大学
（University of California），简称加州大学，是位于美国加利福尼亚
州的一个由 10 所公立大学组成的大学行政系统，被誉为"公立高
等教育的典范"，其成员大学均是美国大学协会和国际公立大学论
坛的重要成员。加州大学是世界最大的大学联邦体，其旗下大学在
各项学术指标和排名中均名列前茅。这些校区互相独立又紧密联
系，各自作为独立的大学而存在，共同组成了享誉全美乃至全世界
的加州大学。

美国大学的管理普遍实行董事会制，加州大学系统主要包括学
校董事会、校长及校长办公室、学术评议会、10 个分校、5 个医疗
中心、3 所国家实验室及若干附属机构。董事会是大学的最高权力
机构，把持着大学发展的宏观政策和方向。董事会主要职责包括：
制定大学行政、财务政策；选聘、任命校长；制定大学长期的教育
规划并监督实施；拥有应该上报的所有事项的最终审判权；确保大
学运行的资金来源；聘任教师及管理职员。虽然董事会的职权相当
宽泛，但是由于董事会成员大部分是校外非教育界人士，很多具体
工作无法由董事会直接操作。在实际工作中，董事会都把大部分的

学校管理权委任给校长及校长以下的管理人员，因而董事会实际上发挥着立法的监督机关的作用，管理上的实际权力是在管理部门中。加州大学的学术评议会要服从于加州大学董事会，董事会授权学术评议会直接管理大学的学术事务，对大学的教学、科研和公共服务等相关问题提出建议，在制定招生录取条件、学位授予标准、课程与教学方案、评议会组织与成员资格等方面拥有审核评估和政策建议的权力。在加州大学中，校长、教务长、学院院长、系主任构成了学校行政管理的一条主线，校长是董事会下的首席执行官员，负责管理学校的各项事务，向董事会负责，而教务长则向学术管理机构的学术评议会负责。

笔者有幸于 2019 年 7 月随武汉大学第三批青年管理干部赴美研修，前往美国加州多所高校参加培训。本文谈谈美国加州大学行政管理的体系与特点，及其对我国高校行政管理建设及自身工作的启示。

二、美国加州大学行政管理的特点

（一）依法治理，权力分散平衡

美国加州宪法指定加州大学是一个公共信托，完全不受政治或宗教的影响，董事会将加州大学作为一个公共信托运营，其在组织和管理上享有很大的自由。加州大学的董事会，对长远规划、预算编制以及学校的运作有着重要的影响；以校长为代表的行政机构掌握行政管理权，具体执行董事会的宏观决策，对学校的各方面都发挥着明显的权力和影响力；学校学术评议会和各级委员会，执行学术管理权，确保大学教学与科研的协调发展，他们也对学校的整体运行起到了很重要的作用。学校分散的权力机构设置已经取代了传统上由一个权力中心支配的管理模式。学校的权力纵向流动与横向流动相结合，学校的运行实际上是由体现效率的行政权力系统与体现民主的学术权力系统相互作用、相互协调，以在追求效率与民主决策之间寻求平衡，即分权与集权的平衡。这样的领导与决策系统能够充分采纳各方意见，参与范围更广，收集到的信息也更有效。决策是基于所有相关人员的讨论和意见，具有一致性，从而可以在执行过程中得到大多数人的支持。

(二)严密扎实的绩效考评制度

绩效评估，是员工发展的关键组成部分，旨在衡量和提高个人、团队和机构的绩效，促进员工的职业发展，并根据绩效确定薪酬增长；同时，依据考核结果能帮助单位建立有效的考核制度程序和方法，改进和提升单位的整体工作绩效。加州大学设立了绩效考核的三个原则：首先，明确追求卓越、加深单位和个人满意度的关键是能够保持持续增长和发展；其次，一个好的绩效管理过程应该透明、公平和尊重；最后，希望所有员工认同理解绩效评估。以UCLA为例，行政人员绩效评估分为两部分：员工填写《自我评估表》，回答诸如任职期间主要贡献，工作中是否遇到挑战及如何解决，列出有助于考核提升的能力与技能，列出下一次考核时的目标等开放性问题；部门主管填写《绩效评估表》，审查绩效要素、对员工绩效的总结与回顾、整体绩效评级、下一次考核时的业绩目标等具体性问题。这两大部分相结合，构成了体系全面、指标合理的职业考核制度。根据考核结果，会在薪酬方面进行调整。在最近的绩效评估中确定的绩效等级为"达到期望"或更高的工作人员有资格获得加薪；绩效不理想或"未达到期望"的员工不应被推荐增加薪资。此外，绩效等级为"部分满足期望"的员工，其薪水的涨幅应低于考核部门中表现较好的员工。

这一绩效考评制度一方面详细说明绩效管理所要达到的目标和任务及完成标准，要求管理人员要明确自己的工作角色和工作责任，工作要及时进行反馈，要有最佳的工作表现，提供管理人员专业的发展机会，激励员工与部门主管和学校高层领导进行沟通与交流。另一方面还设定关键素质行为标准，包括战略领导力、运行管理能力、员工管理能力及个人特质潜力四个维度，由此可见绩效管理的最终目的不只是评价定性，而是要帮助行政人员提高自身素质与能力。

(三) 齐备的学习培训体系，明晰的职业发展规划

以 UCLA 为例，学校人力资源部为促进员工职业发展开展了多种职业发展计划(Career Development Programs，CDP)，旨在帮助员工提高其现任职位的技能，驾驭组织阶梯，准确定位自己的优势和自身发展需求，抓住提升职业发展的机会，包括专业发展计划(Professional Development Program，PDP)：为准备晋升领导职位的员工，着力提供增强专业技能和领导力的培训，此项计划为期一年，旨在培养未来的领导者；员工充实计划(Staff Enrichment Program，SEP)：致力于帮助 UCLA 员工实现其职业目标，通过树立归属感，发展员工的职业和专业技能并探索职业机会，SEP 旨在保留高潜力的员工并为他们在 UCLA 的领导角色做准备。同时，中央培训和发展计划，向员工提供证书培训计划。员工可以通过校园专门设立的在线学习中心进行注册，开设的课程包括学术人员证书课程、财务管理证书课程、管理发展证书、一级监督证书系列、二级监督证书系列、行政支持证书系列等，以此鼓励员工学习多方面的专业知识，精通专业技能，提高工作水平。

员工根据自身资历可以获得各种教育福利，包括免学费或降低学费的入学或课程折扣，学校内政部门对专业计划、讲习班和会议的投资，以及符合学历标准的员工获得 UCLA 的学术课程。员工可以安排休息时间或其他工作时间上课和参加培训。

三、对我国大学行政管理的启示

(一) 推进高校管理的法治建设，优化决策体制

优化我国高校领导决策体制总的原则是将决策与管理进行相对分离，明晰权责。完善以党委领导、校长负责、教授治学的民主管理结构。在教育体制改革中加强制度建设，特别是推进法治建设。美国高校理顺法律与政治关系的核心原则是在法律的框架下协调各种力量，这为我国高等教育领导体制的改革提供了方向。建立责权

统一，决策与执行相对分离并相互制衡的管理体制，将各种关系法制化。在法律的框架下统一处理高校内外各种关系，以法律的方式明确党委在高校管理中的政治领导地位。同时规范设立相应的委员会，发挥各类学术组织的作用，吸纳更多来自院系的成员参与处理相应的行政事务。重心下移，充分发挥广大师生的主人翁参与精神，相互凝聚智慧，相互监督。做到校务公开、民主办学，既能统一指挥，又能保证分工明确、责任明确，以顺应教育发展国际化的趋势，有利于提高学校管理、教育教学水平，促进国际交流合作与高层次人才培养。

(二) 健全考评体系，明确奖惩激励

行政管理人员是高校的一线主干工作力量，为教学科研活动的顺利展开提供重要保障和支持。其工作效率与水平直接关联到学校的整体发展。为行政管理人员设定工作目标，对其进行绩效考核，有效监督其工作质量，并根据考核结果改进以提升其工作能力和绩效水平，将最终推动学校战略目标、整体规划的达成。

从行政人员绩效考核结果应用方面来看，我国已有许多高校出台政策，要求实施绩效工资，并在行政人员选拔任用、奖励惩戒时将绩效考核结果纳入考虑范围。然而，大部分高校仍存在绩效考核规则制定不规范，过程流于表面形式，结果应用过于简单化，绩效工资改革受重视程度不够，考核结果与工资挂钩力度不够等问题。借鉴美国高校经验，我们应进一步完善行政人员绩效管理体系设计，在考核行政管理人员时，应根据其工作特点，采取定量和定性相结合的考核方式，建立一套考核指标科学合理的考核体系，多角度客观评价行政管理人员绩效；重视绩效考核结果分析诊断，研究出台绩效考核结果反馈指导意见，并根据结果反馈对员工存在的问题进行帮助整改；探索制定清晰透明的绩效工资政策，在绩效考核结果和工资调整之间建立起明确的关系；加强绩效考核结果在奖励惩戒、升级竞聘等方面的应用，使绩效管理发挥长久、稳定的激励作用。

（三）加强行政管理队伍建设

第一，培养行政管理人员的专业意识。在采访 UCLA 教育学院主管 Linda 教授时，她认为在招聘中她首要考虑的是应聘者的专业程度。明确定位，打造专业化管理团队。首先，美国大学都是聘用专业的管理人员来承担管理职责，因此在管理人员的资格遴选中非常看重应聘者的管理经验和其应聘职位所需的专门知识。一般来说，与教学科研直接有关的管理职位，如系主任、学院院长、教务长、研究生院院长等均从对大学管理工作比较熟悉的资深教授中选聘；其他非教学科研部门的管理人员也有很强的专业化定位。其次，专业化定位还表现为管理人员所从事的工作多数被要求是专职的，他们不能同时兼任其他的教学科研工作。在我国，教育行政管理队伍的建设，同样需要行政队伍配备专业、高素质的行政人才，更重要的是使行政管理人员形成明确的价值观，热爱教育事业。丰富的知识结构体系、正确的价值观、专业的管理意识、对教育的热爱等，是教育行政人员最基本的要求。在这样的条件下，他们既需要积极发挥自己的主体作用，又要能积极投身教育管理。对此，我们应借鉴美国大学行政管理人员选聘经验，在明确各类专业岗位的职责基础上，通过合理的制度设计，吸引和选拔知识背景、工作经历都比较适合的高水平专业人才不断进入学校各类行政管理岗位，发挥专长。

第二，完善行政管理培训体系。美国各大学普遍设有完善的员工发展与培训制度，为教育行政管理人员提供进修的机会。开设的课程包括：（1）通用技能培训，如写作、情商管理、沟通方式、领导力等方面的课程；（2）专业技能，如人力资源、财务模式、IT 技术支持等课程；（3）满足个人业余生活需求的课程，如艺术类、心理学等多元化的课程。让员工对行政管理过程、要求及权限具备充分的认识和了解，以适应科学管理工作的需要。在采访 UCLA 教育学院多位教职工时，他们均表示，学校有针对行政管理人员的多样培训课程，可供管理人员根据爱好自由选择，与此同时，有一些业务培训是上岗前必须进修的，并且学校会承担大部分的费用。美国完善的行政管理培训体系对于我国教育行政管理队伍的建设非常具有借鉴意义。习近平指出，传道者自己首先要明道、信道。高校管理者要坚持教育者先受教育，行政人员要在工作之余进行多样化培训，学习教育管理相关专业理论知识，学习提升岗位通用技能，强调知识和运用，锻炼应变能力和解决问题的能力，不定期地进行专业素质考核与检查，不断提高管理工作者的整体素质。全面提升行政管理人员的专业能力、工作效率和服务水平。

四、结　语

　　总结美国加州大学行政管理体系特点及其运行，根据我国自身国情与发展，我们应当不断探索，全面推进学校综合改革，推进现代大学制度和法治校园建设；调整管理体制，着力优化决策机制；建立健全完善的行政人员绩效评估体系，优化激励体系；加强行政管理队伍建设，提升行政管理人员的专业能力，打造一支素质优良、规模适度、精干高效、充满活力的管理队伍，全面提高学校的综合竞争力，奋力开启中国特色世界一流大学建设新征程。

◎ 参考文献

[1]方振邦，刘琪．美国高校行政人员绩效管理：标准、程序与结果应用[J]．国家教育行政学院学报，2019(6)．

[2]陈俊兰．中美高校领导决策体制比较研究：大学章程的视角[J]．大学教育科学，2014(6)：48-49．

[3]刘宁．中美高等教育行政管理体制比较研究[D]．呼和浩特：内蒙古师范大学，2010．

[4]王庭苇．中美教育行政管理体制比较研究[J]．中小企业管理科技，2015(11)：184-185．

[5]牟宇．中美高等航海教育行政管理体制比较研究[D]．大连：大连海事大学，2013．

[6]潘磊．中美高等教育行政管理体制比较及启示[J]．牡丹江大学学报，2009(2)：113-115．

[7]董琳. 中美教育行政管理体制比较研究[D]. 新乡：河南师范大学，2013.

[8]赓金洲，柴湛涵. 美国加州大学的管理体制与公共服务使命[J]. 吉林省经济管理干部学院学报，2006(2).

[9]李淑君. 中美高等教育行政管理体制比较研究[J]. 中国电力教育，2010(25)：5-7.

[10]国家中长期教育改革和发展规划纲要(2010—2020)[EB/OL]. [2013-12-27]. http：//www. moe. gov. cn/publicfiles/business/htmlfiles/moe/s7464/201307/154243. html.

高校治理体系优化逻辑下
高校管理人员能力培养研究

谌启航

（武汉大学党委组织部）

党的十八大以来，习近平总书记围绕教育工作、高等教育事业的改革发展发表了一些重要讲话，突出阐释了加强党对高校的全面领导，培养德智体美劳全面发展的社会主义建设者和接班人，培养什么人、如何培养人、为谁培养人等一系列重大理论与实践问题。党的十九届四中全会明确提出了坚持和完善中国特色社会主义制度、推进国家治理体系和治理能力现代化的总体目标。高等教育事业作为国之大计、党之大计，是推进国家治理体系现代化的有机组成部分，更是在推动社会改革发展、服务国计民生中就有基础性、战略性地位。

一、高校治理体系的历史脉络

党的领导是社会主义大学的鲜明特征。大学的治理结构主要包括领导体系、行政体系、学术体系、民主体系等，内部治理能力主要是指通过完善运行体制机制等，实现党委领导下的校长负责制的高校运行模式。改革开放以来，国家在加强高校改革发展的同时，治理体系已在变化中。《国家中长期教育改革和发展规划纲要（2010—2020 年）》中指出，要建设中国特色现代大学制度。2014年，党中央颁布了《关于坚持和完善普通高等学校党委领导下的校长负责制的实施意见》，明确指出这项制度是我国高校管理体制中根本性、决定性和指导性的制度。高校迎来了新一轮的治理体系改革，如调整院系布局，实现管理重心下移；健全学术委员会、教职工代表大会制度，推进教授治学、民主管理等。党的十八大以来，国家及有关部委先后颁布实施了《关于深化高等教育领域简政放权放管结合优化服务改革的若干意见》《中国教育现代化2035》等，推动构建行政主管部门与高校、高校内部办学单位、管理权力与学术评判等之间的共进互助机制，突出提高学校管理能力、完善治理结构，推进教育治理体系和治理能力现代化，实现从外延式发展到内涵式发展的转变。

二、高校治理体系现代化的基本要求

党的十九届四中全会指出，坚持党的集中统一领导，坚持党的科学理论，保持政治稳定，确保国家始终沿着社会主义方向前进的显著优势。高等学校牢牢把握社会主义办学方向，紧紧围绕立德树人的根本任务，尊重教育规律和人才成长规律，深入推进大学内部治理结构、管理体制和运行机制改革与完善，加快建立具有中国特色的现代大学制度，不断推进治理体系和治理能力现代化。

一是要始终坚持党对高校工作的全面领导。习近平总书记指出："办好我国高等教育，必须坚持党的领导，牢牢掌握党对大学工作的领导权，使大学成为坚持党的领导的坚强阵地。"高校治理直接关系到培养什么人、怎样培养人、为谁培养人的根本问题。高校要承担好为党育人、为国育才的重任，根本问题是把党的领导贯穿到管党治党、办学治校、育人育才的全过程，增强总揽全局、协调各方、依法治校理政、应对风险挑战的能力。

二是要发挥大学章程的基础性作用。2012年起，高校按照国家统一部署，开始制定修订章程并报主管部门核准。高等学校章程具有法的属性，是在法律规定的前提下运用民主的方式制定出的规范性文件，是规范大学依法履行教育职能而制定的具有公共职能的规范性文件。推进大学治理体系和治理能力现代化，要以大学章程为基础，建立健全系统完备、科学规范、运行有效的制度体系。

三是要健全从严监督机制。中央巡视对高校普遍指出了"监督执纪问责偏松偏软"的问题。要推进高校的全面从严治党，加强监督机制建设，要用好监督执纪"四种形态"特别是第一、二种形态，充分发挥纪律的警示教育和惩戒功能；加强对选人用人、招生考试、师德师风、科研经费、后勤基建、附属医院等重点领域和重要方面的监督监管；要合理划分学校、机关、院系的权责边界，建立权责分明的负责体系；要拓宽民主管理、民主监督的渠道和方式，大力推进党务、校务公开。

四是要构建运转高效的工作体系。高校的内部管理服务涉及事项多、对象广，既包含学生的入学、就读、毕业、就业、日常管理、事务工作，还包含教职工的教学科研、生活服务、行政服务等方方面面，既有内部的，也有社会的，如果没有一个高效、高质量的运转体系，治理的现代化也就成了空中楼阁。工作体系包含工作流程、工作队伍、工作保障等要素，其中工作队伍是基础性的要素。

基于治理体系现代化的要求，推进高校管理人员培养要着眼高素质专业化要求，一是要有过硬的政治素质，要自觉用习近平新时代中国特色社会主义思想武装头脑，坚持党对高校的全面领导，具有较高的政治素质和政策理论水平，善于从政治上观察、思考和处理问题，具有一定的政治敏锐性和洞察力。二是要有过硬的业务素质，要能主动学习并及时更新岗位所需的基础知识、专业知识，善于发现问题、分析问题，善于学习、应用新技术，能够把握本岗位特点，探究岗位工作规律，紧跟行业发展趋势，提出建设性意见。三是要有过硬的工作作风。要敢于担当，善于落实，勤勉作为，敬业奉献，遇事不推诿、不扯皮，坚持"严""实"工作要求，坚持原则、清正廉洁。

三、比较视野下的高校管理人员能力提升思考

美国加州 6 校行政管理人员数量上相对较多，大致可以分为负责教学任务的行政人员和专职行政人员等两类，如 UCLA 的行政人

员有 26000 余人，南加州大学行政人员有 14000 余人，同时还有一定数量的学生助理，与教师的数量比一般是 3：1 到 6：1。比较来看，他们具有以下四大特点。一是专业能力较强，普遍具有高学历和专业职称。如遴选财务主管时会要求有相应技术证书，规划管理人员必须有专业的学习经历，而教学科研管理岗位一般从教授中产生等。二是岗位职责明确。普遍会采用合同方式来形成互相约束的机制，合同中会明确岗位职责、目标、考核方式、激励机制等。同时，还实行岗位评估制度，如有岗位空缺，首先评估其存在的必要性。三是精准的能力培训。行政管理人员入职普遍会接受为期一天的政策培训，或者是 AAUA 提供的为期 2~3 天的职业培训，主题包括财务预算、教职员发展、校园规划等，每月一次，主题不同。同时，特别突出对国际视野、领导力提升的培训，设置专门的核心课程。四是高度信息化的过程管理。信息技术迭代迅速，作为科技强国，美国高校行政管理的各个领域、环节都基本实现了信息化。这也从另一方面反映了他们在管理过程、制度和理念上的现代化，如伯克利加州大学在其行政管理过程中实行的记分卡系统，突出服务学者、服务学术的理念，设计出了严谨的流程、严格的考核，减少人为干扰和命令干扰。

高校行政管理人员能力的提升不是采取某项措施，也不是在短时间内就可以完成，因此我们要注重规律性、体现系统性、把握时代性，基于借鉴视角，为提升高校管理人员的能力，我们可以采取以下举措：

（1）优化培养体系。管理干部的培养事关学校整个管理体系的高效运行。要形成体系化的培养，就需要从人力资本投资的角度思考，如学校现有的短期培训、多岗锻炼、在职学习等，都是对管理队伍的投资。因此首先要从源头进行设计，高校的管理岗位各有职责，承担着不同的管理服务任务，对专业知识有着不同的要求，如辅导员岗位面向学生，就需要具备较强的思想政治素质，懂得教育的规律与方法，善于沟通教育，还要有过硬的工作作风；职能部门的管理岗位更加精细，有从事日常管理服务的、教学科研管理服务的、组织工作的、对外交流工作的，这些都需要一定的专业知识，所以在设定岗位条件时，就需要根据岗位的要求来进行考虑。其次是职业能力提升体系，提供丰富的学习机会，是管理人员成长的重要保障。管理岗位的实践经验、多学科交叉知识的积累、优秀工作模式的学习等，这些对于管理人员的管理能力提升、后续职业发展都非常重要。从国外一流大学的模式来看，给管理人员提供学习机会已经是常态化模式。如美国高等教育博士的培养计划中就包含专门针对高校的管理事务方向的博士，如人事博士项目旨在帮助博士生发展成为专家级的职员和管理者等。国内部分高校，如清华大学、北京大学、复旦大学、南京大学等也支持职员读在职博士或进修。针对不同的岗位，要精细化采取不同的培训方式和课程，实现常态化、终身化，以人力资本投资的视角来对待。如在常态化中层干部培训的基础上，由职能部门负责按照条块进行培训组织，采取集中讲授、项目布置、工作研讨、实践考察等方式，制定年度计划，分时段组织进行。同时，由学校干部教育的主管部门，进行面上培训，增进不同条块的工作了解和视野开阔。再次，增加实践历练机会。从现有的情况来看，大部分工作人员入职后会一直从事单项工作，直到符合年限、条件等，等待进入领导岗位工作。校内非领导岗位的横向交流少，校外挂职学习的机会也少。要着眼于培养综合素质、接受多岗位历练的要求，选派优秀年轻干部在脱贫攻坚一线、承担急难险重任务和参与地方经济社会建设等，在磨砺中开阔视野，增长才干；同时，统筹校内岗位的条块性，采取跟岗学习、轮岗交流等方式，进一步让干部熟悉学校各项工作的政策要求等，提升综合素质。加强机关与院系、党务与行政、不同业务领域之间轮岗交流，选派干部参与校内巡察、专项检查、工作考评、工作督导等，促使干部在不同岗位、不同环境经受历练。

（2）健全考核评价体系。突出实绩评价干部是党中央对干部考核工作的基本要求。习近平总书记在全国组织工作会议上指出："考核干部要经常化、制度化、全覆盖，既把功夫下在平时，全方位、多渠道了解干部，又注重了解干部在完成急难险重任务、处理复杂问题、应对重大考验中的表现，既在小事上察德辨才，更在大事上看德识才。"科学的考核评价体系是准确识别干部、评价干部的重要保障。一是要建立分类考核体系，针对岗位要求、工作职责、具体目标等分类设定绩效考核目标，将政治素质、工作作风等共性要求与岗位目标、岗位要求等个性指标结合起来，如服务岗位可以侧重服务作风、服务质量等考核，科研管理岗位可侧重量化的指标进行考评。二是要建立全方位考核体系。要将领导评价、平时状态、一贯表现等统筹起来，采取个人自评、同事互评、服务对象测评、领导点评等方式，多角度、多侧面、多维度地综合评价，确保考核结果准确、全面、真实。三是要强化考核结果运用。运用好考核结果是发挥考核工作指挥棒、推进器、度量表作用的关键。要切实解决"干与不干、干多干少、干好干坏一个样"等问题，要将考核结果真正体现在职级晋升、表彰奖励、选拔任用等方面。高校可以结合学校实际，建立适合管理岗位特点的晋升机制；同时探索分流机制，对适合管理工作的可以重点培养，对有学术潜质的可以通过设立缓冲期、提供政策支持等，鼓励他们发挥专业特长，走研究型的职业发展道路。对表现不佳，作风漂浮、落实不力、推进工作缓慢的，可以严格依照聘用合同辞退。

（3）完善激励保障机制。要进一步健全表彰奖励制度，对在推进全面从严治党、"双一流"建设、教学科研改革创新、人才队伍建设、学生培养管理等工作中表现突出的集体和个人，予以集中表彰，进一步增强管理人员的荣誉感、使命感。对在服务国家重大任务中有突出贡献的、援派扶贫工作中表现过硬的、承担急难险重任务中经受锤炼的、完成学校工作部署扎实有力的、一线工作中实绩突出的或荣获省部级以上表彰的优秀管理人员，优先考虑提拔任用。进一步优化薪酬分配，形成以业绩为导向的激励体系。对在艰苦边远地区和脱贫攻坚一线、艰难险重岗位工作的，在政策、待遇等方面予以倾斜。落实好加班补休、健康体检、集中性文体活动等制度，稳妥推进社会保障制度改革，切实保障合法权益。坚持经常性谈心谈话制度，注重围绕学校重要战略部署、重大专项任务和重要改革事项等做好思想政治工作，及时释疑解惑、加油鼓劲。完善走访慰问制度，对工作、家庭、生活有困难的，及时给予组织关怀、排忧解难。关心干部心理健康，要探索建立心理疏导机制，提供心理健康专业服务。

◎ 参考文献

[1]陈武元，胡科.“双一流”建设背景下的高校行政管理人员能力提升研究[J].现代大学教育，2018(3).

[2]任慧.国外高等教育管理体制对我国高校管理的启示[J].内蒙古教育，2018(1).

[3]吴艳云.高校管理人员职业发展评价与激励[J].高教发展与评估，2015(1).

[4]祖盼云.新时期高校行政管理人员自我能力提升的必要性[J].教育管理，2019(3).

美国部分高校科技成果转化经验
对我国高校的启示

彭　苏

（武汉大学科学技术发展研究院）

　　习近平总书记强调：广大科技工作者要把论文写在祖国的大地上，把科技成果应用在实现现代化的伟大事业中。近年来，我国众多高校都在加快推进科技成果转化，这也是落实总书记指示精神的具体体现。本文探讨的科技成果，主要指通过科学研究和技术开发所产生的具有实用价值的成果，包括已经知识产权化的成果（专利、计算机软件著作权等）和未知识产权化的专有技术；转化特指许可、转让和作价投资。本文所述我国高校主要指我国"双一流"建设高校。

　　党的十八大以来，我国高校科技成果转化工作呈现出向上向好的良好态势。以武汉大学为例，转化金额频创新高，2019年首次突破6000万元；标志性转化不断涌现，如"数字摄影测量网格技术"授权许可给全球知名的美国ERSI公司，学校首次实现了"千万级"科技成果向发达国家转化。但是我们也要看到一些不足，如我国高校亿元级的科技成果转化较少，对经济社会发展产生重大推进作用的转化不多，在解决"卡脖子"问题方面产出的成果还很欠缺。反观以斯坦福大学为代表的一批美国大学在科技成果转化方面取得的令人瞩目的成就，甚至有人说斯坦福大学造就了硅谷奇迹。笔者认为，这些美国大学在科技成果转化方面的经验值得学习和借鉴。

　　本文基于2019年7—8月笔者在美国加利福尼亚州的斯坦福大学、加州大学洛杉矶分校（以下简称UCLA）、加州理工学院等大学的研修经历，就如何进一步推进我国高校科技成果转化工作，提出如下意见和建议。

一、主要问题与原因

1. 机构服务有待加强

当前，我国高校的科技成果转化机构属于科学技术发展研究院（科研处）的内设机构或作为独立机构单列，受限于财力、人力不足，人才结构单一等因素，行政化管理多，在增加科技成果数量，强化知识产权保护，促进科技成果供需双方对接，防止国有资产流失等方面做了大量工作；专业化服务少，在科技成果的质量把控、转化过程中的商务谈判等这些关系转化能否成功和转化价值高低的关键环节中基本缺位，更多由发明人自行把握，高校作为科技成果的所有权人反倒成了"配角"。

美国高校设立的科技成果转化机构名字多为技术许可办公室或技术商业化办公室，笔者对其中斯坦福大学、UCLA 等高校设立的转化机构进行了分析，发现与我国高校不同的是，美国这些高校的科技成果转化机构规模大、经费充足、人员较多且结构多元，偏重于为师生提供科技成果转化所需要的法律、技术及商业等方面的专业服务。与我国高校相比，美国高校设立的这些机构在推进科技成果转化方面起到了更加显著的作用。

2. 成果质量尚需提高

我国高校现有科技成果中的高质量成果不多，即大部分成果的商业化价值不高，直接导致转化难。由于本文探讨的科技成果大部分以专利形式存在，以专利为例，近年来我国高校专利授权量排名世界前列；据江苏省知识产权局公开数据显示，2018 年我国"一流大学建设高校"中专利授权量超过 1000 项的就有 15 所。但转化率不高，我国国内有研究表明，部分"一流大学建设高校"的专利转让率为 0.37%~2.92%；同时，据国家知识产权局 2018 年中国专

利调查报告显示,我国高校专利许可率和转让率分别只有 1.8%
和 1.4%。

究其原因,一是我国大部分高校对专利申请不设门槛,未对专
利质量进行有效控制;二是教师撰写高质量专利动力不足,这既与
专利在职称晋升中的作用不大,也与大部分科研项目结题对专利只
要求数量、不要求质量有关;三是我国高校在校企合作特别是在承
担大型私企或国企委托的项目时,作为乙方相对"弱势",合作产
生的专利大多归企业独有或校企共有,而往往这部分专利的质量相
对较高。此外,部分师生由于缺乏法律意识等多种因素,以个人名
义申请专利的现象也不少见。多方因素导致留在高校的科技成果大
多质量不高而难以转化。

反观美国高校,申请及授权专利数量远不及我国高校,但转化
率却远远高于我国高校。根据 2019 年 US News 发布的 2020 世界大
学排行榜,笔者列举了中美各自国内排名前十的公立高校,发现中
国高校专利授权量远远高于美国高校(见表1)。同时,我国国内多
方研究表明(未找到美国对其高校专利转化率的权威统计数据),
美国高校的专利许可率超过 50%。

表1　　　　　**2018 年中美部分高校专利授权量对比**

美国高校	专利数量	中国高校	专利数量
UM(密歇根大学安娜堡分校)	169	浙江大学	2392
UVA(弗吉尼亚大学)	162	清华大学	1979
UCLA(加州大学洛杉矶分校)	114	南京大学	1443
UCSD(加州大学圣地亚哥分校)	109	华中科技大学	1333
UCB(加州大学伯克利分校)	95	哈尔滨工业大学	1312
UCI(加州大学尔湾分校)	68	上海交通大学	1235
UCSB(加州大学圣塔芭芭拉分校)	40	中山大学	473
UNC(北卡教堂山分校)	—	北京大学	451

续表

美国高校	专利数量	中国高校	专利数量
GIT(佐治亚理工学院)	—	中国科学技术大学	417
UFL(佛罗里达大学)	—	复旦大学	249

注：美国数据来源于美国各高校网站 2018 年财报数据，但未找到最后三所美国高校的数据；中国数据来源于江苏省知识产权局。

原因在于美国高校对教师向学校披露的新技术并非全部同意申请专利，其科技成果转化机构会评估这些新技术的商业化潜力，以及是否应该申请专利。在与企业合作时，美国高校会援引《拜杜法案》保有专利所有权，以许可方式将专利授权给企业使用，避免了企业"掠夺"高校专利所有权现象的发生。美国教师在申请专利时就抱有较强的社会服务意识，他们会非常认真地撰写专利。在与斯坦福大学袁教授的交流中，她向笔者坦言，为完成任务去写专利是不可思议的事情，自己会非常认真地写专利，如果写的专利最终被许可给了公司，她认为这是非常自豪的事情，因为觉得自己为社会作了贡献。在以上多方因素作用下，美国高校所持有的成果质量较高。

3. 资金支持严重缺乏

对于一些前期投入大、收益小、盈利模式还未成熟，但具备较大社会意义及经济价值的科技成果，市场不愿投，我国政府未建立起完善的资金扶持体系，我国大部分高校也没有设立专门的转化基金，导致这些成果长期被"闲置"。

例如，我国某高校的一项科技成果，国际同行专家认为这项技术非常先进，应当尽快转化并造福社会，但历时 10 年仍没有转化成功，原因在于该技术需要几千万元甚至一亿元的资金投入去完成中试和工业化，但市场鲜有机构愿意投入。还有一种就是市场愿意投资，由于师生担心技术秘密被人窃取，他们选择自行小试、中试，推进转化，但常常因为不可预计的资金链断裂而转化失败。

反观美国高校，在加州理工学院，学校对高风险、高回报的科技成果会有资金投入。他们的文化观念是：如果不冒险，就永远得不到突破，这个取决于眼光准不准，才华高不高，运气好不好。而且对于冒风险而失败的人，从来不嘲笑。斯坦福大学、UCLA也设立了数额不等的转化基金，用于进一步发展有希望的技术，使其更接近市场，填补学术界和工业界之间的资金缺口。

4. 合作平台不够高效

一方面，我国高校经常组织师生参加全国各地举办的科技成果交易会、对接会。不可否认，这些会议对成果转化起到了积极作用；但由于规模大、领域广、信息杂，存在对接服务不到位，多方交流不深、不透等问题。据一些教师反映，成果交易会参加了不少，但对市场情况的了解还是有限，还是不能为科技成果找到"下家"；碰到资金、场地等方面的问题还是不知所措。而对技术有需求的企业，对高校科技成果的了解也是"雾里看花"。另一方面，我国高校现有的成果网络展示平台不够科学、高效，甚至缺乏。网上以文字、图片为主的科技成果宣传方式，形式呆板，要求受众有一定的主动性、专业性，与动画相比，不具备易懂性。

反观美国高校，在现场平台搭建方面，UCLA倾向于组织具体学科领域的校企合作交流会，为科研人员、投资人和企业家等提供深度交流机会。例如，在医学领域与Med Tech Innovator（医学技术创新者机构）合作举办年会，在生命科学领域举办洛杉矶生物科学生态系统峰会。据了解，这些会议已促成许多合作。在网络平台建设方面，UCLA对于申请发明的师生、寻求技术的企业家，都建设有通俗易懂的专题网站；此外，还发行杂志，介绍企业最新动态，增进师生对市场的了解。

5. 转化队伍亟待加强

我国高校科技成果转化机构的专职、专业人员严重匮乏，客观上制约了成果加速转化，很多高校只有1~2名具体工作人员，还承担着繁重的科技成果转化内部管理与服务工作，没有时间去对学校大量的科技成果进行有力推广，而在关乎转化成败和价值高低的商务谈判等环节中，大部分工作人员又缺乏足够的能力。例如，武汉大学负责知识产权和科技成果转化管理与服务的具体工作人员只有2人，他们还承担着横向科研管理等方面的工作。

反观美国高校，据统计，UCLA和斯坦福大学的科技成果转化机构都拥有50名左右的员工，有专门人员帮助教师开展成果转化。员工们的教育和工作背景非常多元，不少员工还拥有海内外企业工作经验，有利于帮助教师和企业家更高效地对话，加快技术商业化进程。斯坦福大学有一个说法是："发明者是描述发明的细节及其技术优势的最佳人选，最成功的成果转化是发明者和成果转化专业人员作为一个团队共同努力来推广该成果。"

6. 学生参与度不高

由于多方因素，我国高校学生申请专利的主要目的在于参赛、报奖、保研等。由于缺乏足够的实践和工程经验，学生"真刀实枪"开展成果转化不多，偶有转化举动，成功的也不多。而在美国，学生是高校成果转化工作的重要参与者，UCLA提出了"技术研究员计划"，在整个学年和夏季为研究生提供接触大学技术转让和知识产权管理业务的机会，学生以兼职方式与学校的技术许可官员和工作人员合作，共同开展技术评估、市场营销和技术商业化等方面的工作。据UCLA统计报告，参加过这项计划的一些毕业生已经成功地在各个领域建立了自己的事业，包括知识产权管理、技术转让、管理咨询、风险投资和商业发展等。

二、对策与建议

1. 完善激励机制，构建全链条服务体系

我国高校可以建立或完善科技成果转化中介服务费支付机制，对于自身暂时没有能力提供服务，但又关系科技成果转化成败的关键环节，探索与社会第三方(功能多样的"投创孵"机构)合作，共

124

同为师生科技成果转化提供事前、事中、事后全链条的服务，让师生专注于科学研究。

同时，通过中介服务费的支付，有效激发与学校密切相关的技术转移中心、驻外研究院、大学科技园等法人单位参与学校科技成果转化工作的热情。

2. 加强质量控制，强化源头创新与供给

我国高校应探索建立专利等知识产权申请前评估机制，规定教师应及时向学校披露自己研发的新技术；在签订保密协议的前提下，学校组织同行专家、企业主、目标用户等共同进行技术、市场价值评估，决定是否申请专利；对于极具商业价值的部分新技术甚至可以不申请专利，直接作为专有技术(技术秘密)进行转化。

此外，应主动探索培育高价值知识产权，根据国内外行业、产业发展的需求，遴选国家急需、被"卡脖子"、具有重大市场价值和商业前景的技术，在国内外专利申请和知识产权专业服务等方面给予经费支持。

3. 设立扶持基金，加速技术从理念到市场进程

我国政府对于市场不愿投，但经论证具备较大经济和社会价值的科技成果，应进一步加大财政资金引导力度，探索支持前期投入大、远景产出大的科技成果的资金投入模式；同时，引导社会资本参与高校科技成果转化。

我国高校还可以设立转化基金，通过申报评审方式对成果持有者进行支持；进一步探索"高校—教师—企业"共同出资的模式，形成成果转化利益共同体，加速科技成果转化。

4. 搭建高效平台，构建技术转移共同体

科技成果转化既需要加强科技成果源头管理，提升转化潜力，也需要搭建更加高效、实质性推广平台，为校地校企合作营造更顺畅的沟通环境。

我国高校可以定期举办科技成果发布会，并积极参与全国及区

域性科技成果交易、展示活动。不定期举办相关行业领域技术成果交流会议，加强政府、企业、金融机构、科研院所等与转化密切相关的单位人员之间的交流，推进校地校企深入交流，寻求成果转化机会。

同时，建设高度集成的科技成果动态推介云平台，以动画、PPT、宣传片为主要表现形式，让专利等科技成果更形象、易懂，促进科技成果供求双方更快"对眼"，提高科技成果转化效率。

5. 建设专职队伍，提供专业的转化服务

结合我国高校学科情况，引培并举，凝聚一批熟悉技术、法律、市场运作的科技成果运营人才，深入相关院系挖掘可转化成果，面向市场开展高校科技成果营销推广等服务。建成一支支撑科技成果转化的高水平科技成果运营人才队伍，实现转化服务规范高效，成果转化硕果层出不穷的远景目标。

6. 提升学生参与度，服务"双创"事业发展

我国高校科技和学生管理服务部门可以进一步加强合作，通过组织高价值专利申请大赛、创新创业大赛等活动，不断增强学生科技创新和成果转化意识，多措并举让学生更多地参与学校科技成果转化工作，实现更多学生的科技成果向社会转化，促进创业就业，服务区域经济建设和行业技术进步。

◎ 参考文献

[1]武汉大学知识产权管理办法（武大科理字〔2018〕7号）[EB/OL]. http：//kfy. whu. edu. cn/info/1111/1387. htm.

[2]彭苏. 促进高校科技成果转化的杠杆原理探析[J]. 中国高校科技，2018(10).

[3]甘绍宁，等. 2018年中国专利调查报告[R]. 国家知识产权局知识产权发展研究中心，2018(12).

[4]周小燕，刘勐. 基于七所"双一流"高校专利数据的对比分析[J]. 甘肃科技，2019(3).

[5]Technology Commercialization Report. University of California［EB/OL］. https：//www. ucop. edu/innovation-alliances-services//_files/ott/genresources/documents/fy2018_techcomm_anlrpt. pdf.

[6]Tech Transfer IMPACT REPORT. University of Michigan［EB/OL］. https：//techtransfer. umich. edu/wp-content/uploads/2019/05/fy2018-1. pdf.

[7]2018 ANNUAL REPORT. THE UNIVERSITY OF VIRGINIA［EB/OL］. https：//lvg. virginia. edu/assets/site/reports/LVG _ 2018-AnnualReport_Stewardship. pdf.

美国加州大学洛杉矶分校与武汉大学博士招生政策的比较及思考

彭廷洪

（武汉大学研究生院）

博士招生事关国家最高层次人才选拔，对推进国家科教兴国战略、人才强国战略、创新驱动发展战略具有重要意义。十九大报告指出，"培养造就一大批具有国际水平的战略科技人才、科技领军人才、青年科技人才和高水平创新团队"。教育部等三部委印发的《关于高等学校加快"双一流"建设的指导意见》提出，"适应需求调整培养规模与培养目标，适度扩大博士研究生规模，加快发展博士专业学位研究生教育"。武汉大学正按照党中央和国家的要求，稳步推进博士招生体制机制改革，努力选拔出一批具有创新精神与创新能力的考生攻读博士学位。本人有幸于 2019 年 7—8 月在美国加州大学洛杉矶分校（以下简称 UCLA）研修三周，搜集了 UCLA 的研究生院关于全校博士招生政策，与有关学院招生老师深入探讨博士招生项目的实际操作过程，并访谈了一名在读教育专业博士，本文现将两校的博士招生政策进行介绍、比较并提出相关建议。

一、加州大学洛杉矶分校博士招生政策

UCLA 在 80 多个研究领域提供 5 种学术型博士学位教育，4 种专业型博士学位教育，博士学位平均需要 5 年才能完成。据统计，2008—2018 年，UCLA 共有 113797 名申请博士入学者，录取 21093人，录取率为 18.54%。2018 年，该校共有 11820 人申请，录取

2011 人，录取率为 17%，打算注册的有 874 人，占录取人数的 43%。2017—2019 年秋季新注册的学术博士人数分别为：789 人、805 人、796 人。2017—2019 年在校的学术博士分别有 4691 人、4678 人、4774 人。

研究生院发布的关于研究生招生指导原则及政策解释文件（2018 年修订版）分为两部分：第一部分说明制定研究生招生指导的目的、招生步骤及监管。第二部分详细解释政策与程序。

制定该文件的目的：一是保护合理评估申请者是否适合就读该研究生课程项目；二是留存记录，以便校内外机构查询。所有研究生招生单位都必须遵守这个规定。对研究生项目的常规性八年审查会包括该项目的招生标准与过程。

研究生招生主要包括 5 个步骤。第一，建立、确认或修订招生标准和程序，对申请人进行审查并作出决定。例如，哪些材料是必须提交的，哪些材料是推荐提交的，限制性条件（是否有终身制教职人员资助），哪些人具有申请优势，作出决定的程序与依据，参与招生的人员，避免利益冲突的安全措施。第二，向参与招生过程的人员传达以上标准和程序，主要是参与者要细化标准与程序。第三，审核申请材料。各系、系各单位或各系之间项目的教员有责任决定谁应该参与审查工作。在这个过程中，教员可以不设条件地选择职称教师、无职称教师、学生或其他教职员工参与申请者材料审核。但是，这一进程必须确保所涉各方不存在可能影响这一进程结果的利益冲突。如果仅由一人负责对申请人进行初步审查、排序或其他分类，强烈建议由其他人对该人工作进行审查或检查。对所有申请人的审查工作需要至少两名教务处成员参与。重要的是，向所有评审员（其中某些评审员可能会在此过程中获得同行的记录）提供信息和培训，并要求他们签署关于保护申请人和学生记录机密性的协议书。这些步骤对于参与审核过程的新手（如学生和新教师）尤其重要。第四，决定录取。对于每个申请者，必须作出录取与否的决定并写出原因，这些原因要基于招生标准并且其他人能理解并可比较。第五，准备相关文件，留存记录。相关材料保留不少于 3 年，包括申请材料、招生标准及程序、所有参与者、录取与否的理由等。

文件第二部分解释了招生政策与程序。与研究生招生授权方面的有关规定：基本授权来自学术章程，学位委员会监督研究生委员会的工作。赋予研究生教务长相关职责与权力。在申请资格方面，申请者要具备学士学位，如果有外国申请者，要求通过相关英语考试，GPA 达到 B。未达到学校最低录取要求，但达到一定条件者，可使用院长特别决定权（DSA）。除此以外，有些系要求提供如下材料：GPA 计算方法、第三方考试成绩（GRE、GMAT、TOEFL、LFLTS）、推荐信、录像及采访资料、招生面谈或替代性考试等。录取与拒绝录取：同意录取分为正常录取、建议录取、有条件录取、限制录取、特别录取；拒绝录取的原因，一是未达到最低入学要求；二是虽然达到最低要求，但其他方面不尽如人意。例如奖学金不充足、专业学习准备不充分、语言成绩不好、申请者的研究领域已有研究、项目无法满足申请者要求。当年落选者，三年内可以再次申请并有些便利。评估研究生招生对学校多样性的贡献。

被录取的考生注册学籍后，第一年主要是基础课程，课程设置的目的是融入该领域。在接下来的几年，将完成课程工作，参加考试，组建一个从教师中选出的博士委员会，晋升为候选人并撰写论文，然后答辩，申请学位。

在招生数量方面，经过与工作人员交流得知，每个博士研究生招生项目的招生人数，主要由各个导师根据情况上报所在系，系里上报学院，学院召开会议，同意后上报学校执行。

二、武汉大学博士招生政策

武汉大学是教育部直属高校，博士招生要严格遵守教育部有关博士招生工作的管理规定，目前政策依据是《2014 年招收攻读博士学位研究生工作管理办法》。在此基础上，武汉大学制定年度博士招生简章，开展年度招生工作。政策内容主要包括以下七个方面：

（一）招生计划。招生计划由教育部根据国家经济社会发展需要、会商国家发改委与财政部后下达。教育部编制博士招生计划时，主要综合考虑学校学科现状、科研经费、师资力量、教学科研平台与成果等因素。2019年，武汉大学博士招生计划1921人，实际录取1914人。

（二）报考条件。要求政治素质良好，身体健康、学历学位满足一定条件者。其中对于学位要求，一般应具有硕士学位，应届生可入学前补验学位证与学历证，同等学力也可报考。

（三）入学方式。入学方式有三种：公开招考、硕博连读、直接攻博。目前公开招考全部通过申请—考核制录取学生。申请—考核制，主要通过审核考生提交的材料，经过外语综合水平考试后，择优进入综合考核，根据综合考核成绩决定是否录取。综合考核内容主要包括：学术素养，主要考查候选人的专业基础、知识结构、学术研究兴趣及研究能力等，是否具备本学科博士研究生应具备的专业知识基础及学术研究能力；外语水平（可包括文献阅读、摘要写作、口语和听力等），主要考查候选人是否具备本学科博士研究生应具备的外语应用能力；培养潜质，结合候选人学术研究经历，主要考查候选人的科研创新能力，是否具备本学科博士研究生的培养潜质。

（四）提交的材料。个人申请、相关表格、学位证、学历证、推荐信、硕士学位论文、发表的论文等。

（五）语言方面。统一组织外语水平考试，语种有英语、俄语、法语、德语、日语，同时，达到一定条件的考生，可申请免试英语。

（六）录取方式。报考院系组织综合考核，确定拟录取名单并公示，上报研究生院，研究生院上报教育部。体检与政审合格，全日制考生调入档案后发放纸版录取书，确认录取。

（七）资助政策。所有学生提供全额奖学金，并提供助学金，助教助研助管岗位，帮助学生完成学业。

三、两校博士招生政策的比较

基于上述两校博士招生政策的介绍，可以看出，作为选拔具有原创能力与创新工作高级人才的主要渠道，两校博士招生政策有相同之处，也存在显著差异。具体参见下表：

环节	相同之处	不同之处
招生计划	依据基本相同：科研经费、师资队伍、项目需求	产生方式：武汉大学由教育部下达；UCLA 自下而上形成
招生老师	经费有要求、负责学术指导、支付博士生相关费用	武汉大学博导才能招收博士生，博导一般是教授；UCLA 的教授或副教授都可以招收，与聘任与否相关
申请条件	学位、语言均有要求	武汉大学还要求政治素质、体检合格；UCLA 无政治要求，提交身体健康证明
申请材料	推荐信、辅助证明材料、材料不退	UCLA 区别了哪些是必须的，哪些是可选择的；武汉大学未区别。UCLA 保存材料，未通过者三年内申请，只需提交相应表格即可；武汉大学考试成绩一年有效
入学方式	申请制	武汉大学除了申请—考核外，还有直博生和硕博连读生
录取过程	授权学博士项目所在单位负责制定程序与标准，接收材料、审核材料，做出评价，接受监督，最终录取结果由学校签发	武汉大学必须组织初试与综合考核，既要组织考试，也要开展录取，招考合一，初试时部分认可第三方语言成绩。UCLA 不组织统一考试，使用第三方测试成绩，面试也并非必需的
特别权力	均有涉及	UCLA 明确了 DSA 的定义，使用条件，操作性强；武汉大学只有原则性规定
奖助政策	类型及种类多	覆盖面不一：武汉大学全覆盖；UCLA 部分覆盖

四、建　议

通过对两校博士招生政策的比较，我们发现产生这种差异的原因来自许多方面，既有中美两国教育行政制度的原因，也有历史形成的文化方面的原因。但 UCLA 博士招生政策在很多方面对于深化我校博士招生体制机制改革仍具有借鉴意义。

首先，UCLA 博士招生政策充分体现了其治理体系与治理能力现代化水平。有法可依，依法办事体现得淋漓尽致。在 UCLA 的研究生招生指导规范里，对考生学位的要求，来自学校学术章程；对研究生委员会、学位委员会、各院、各系充分授权但也监督；规定了院长使用特别决定权力的条件、程序；规定了研究生教务长的职责与权力；要求各招生单位建立录取规则及决定程序并严格按规定执行，不予录取的理由只能基于上述规则与程序作出，不得存在任何歧视行为；申请者被拒时，明确可以使用的救济途径。我校博士生招生，在导师上岗、计划分配、综合考核等方面仍存在不少问题，如导师上岗办法不透明，计划分配方法不公布，搞平均主义，综合考核走形式等。在学生救济方面，主要体现在程序合规性审查上。因此，我们要继续在规范博士招生政策上下功夫，在权力的监督制衡上下功夫，进一步提升各招生单位法治意识和思维，注重依法依规开展招生工作。

其次，应从博士培养的全过程来看待招生环节：招生只是起点，压力传递的第一站，后面学习阶段应继续保持压力，直至取得博士学位。UCLA 的每个博士项目，学生在学习期间始终处于强大的压力与监督之下。以 UCLA 统计专业博士项目为例，在该课程的第一季度，学生必须与学术顾问会面，这个学术顾问可以是研究生会副主席，并在其指导下规划合理的学习课程。学术顾问负责监督学生的学位进度，每季度批准一份学习清单。鼓励学生尽早开始考虑他们的研究兴趣。在学生确定了论文主题之后，论文委员会主席将成为学生的学术顾问。继续学习的学生应每季度与他们的学术顾问会面一次，会面的记录要保存在学生的学术档案中。每年秋天，由所有教职员工组成的委员会开会，评估所有在读博士生的进度。该委员会决定学生是否取得令人满意的进步，如果没有，则提出具体建议来纠正这种情况。经委员会投票表决，如果发现表现持续不佳的学生，可建议其终止。学生必须通过 54 项 B 级或更高成绩的认可研究生课程作业，并且必须将整体平均绩点保持在 3.0 或更高。

最后，有关博士选拔的有效性问题。博士的选拔应基于学科选拔出优秀的学生，而不是基于导师个人的喜好。UCLA 每个博士项目的选拔，均有该项目的充分信息，包括研究方向、老师、前一阶段的知识储备要求。不同意入学的理由，明确有不符合该项目的要求。所有申请者在申请前都会认真评估自己的背景、优势、劣势、职业规划。学生申请该项目的原因主要基于对学科或研究方向的兴趣及知识储备，进校后可以挑选最合适的老师来指导学习及论文写作。武汉大学的博士招生选拔，应鼓励以学科为单位，不区分导师报考，公平、公正地选拔出优秀的学生。应允许学生自己选择指导教师或组织指导教师组。

◎ 参考文献

[1]教育部关于印发《2014 年招收攻读博士学位研究生工作管理办法》的通知：http：//old. moe. gov. cn/publicfiles/business/htmlfiles/moe/s3114/201404/167125. html.

[2]武汉大学 2020 年招收攻读博士学位研究生简章：http：//210. 42. 121. 116/wdyz/index. php/index-view-aid-640. html.

[3]加州大学相关网页：https：//www. universityofcalifornia. edu/infocenter/fall-enrollment-glance.

[4]教育部、财政部、国家发展改革委印发《关于高等学校加快"双一流"建设的指导意见》的通知：http：//www. moe. gov. cn/srcsite/A22/moe_843/201808/t20180823_345987. html？from = groupmessage.

[5]习近平在中国共产党第十九次全国代表大会上的报告：http://cpc. people. com. cn/n1/2017/1028/c64094-29613660. html.

人事与人才管理类

高校青年管理干部的教育培训研究
——基于中美高校的比较分析

万燕玲

（武汉大学继续教育学院）

    青年管理干部是高校管理干部的后备力量，加强青年管理干部的队伍建设，是新形势下提高高校综合竞争力，实现"双一流"建设的必然要求。《2018—2022 年全国干部教育培训规划》指出，干部教育培训是干部队伍建设的先导性、基础性、战略性工程。为培养造就忠诚、干净、有担当的高素质专业化的青年干部队伍，《武汉大学十三五规划》中提出，遵循年轻干部成长规律，加强和改进干部教育培训，实施干部素质提升计划，通过教育培训等方式加强年轻干部培养。通过多年的干部教育培训工作经历和赴美高校调研管理人员教育培训的经历，本文从培训内容和形式、培训效果评估反馈、培训项目案例三个方面比较借鉴美国高校管理人员教育培训的优势做法，以期加强我国高校青年管理干部的教育培训。

    本次的调研对象是：美国高校的加州大学洛杉矶分校（以下简称 UCLA）、加州大学伯克利分校、斯坦福大学、南加州大学的行政管理人员，调研方式是面对面访谈、邮件访谈和查阅相关研究资料；我国高校的武汉大学的青年管理干部、四川省高校干部、广西壮族自治区高校干部等，调研方式是面对面访谈、问卷调查和查阅相关研究资料。

一、培训内容和形式

（一）设计综合素能和专业技能方面的培训，提高培训的针对性和实效性

我国高校相关调查研究显示，干部学习动力不足的主要原因中，学用结合不紧密、培训内容缺乏吸引力、培训方式单一占比很高。通过访谈，笔者发现值得注意的是，在美国高校，大量的培训都是自愿的，如果培训与工作相关或者很有帮助，95%的职工都愿意参加。武汉大学青年干部也在访谈中反馈"务实的培训更有帮助，专业素质培训十分重要"，"希望加强思维训练、方法训练"，"加大聚焦实际问题的培训，并推动培训效果落地"。通过调研中美高校管理人员，他们认为工作中需要的重要能力包括"执行能力、沟通能力、创新能力、学习能力、思维能力，口头和书面表达能力、团队协作能力"等。综合中美高校管理人员的培训动机和对各项能力的看重，可以设计相关的培训，包括综合素能和专业技能两方面。

综合素能，如领导力、沟通交流方法、团队协作训练、表达能力、突发事件应对能力、创新能力等方面都是成为优秀管理干部的必备素质，也是综合素能培训的重要抓手。同时，引入心理健康培训和咨询，加强向上向善心态指引，引领服务意识、责任意识也至关重要。专业技能培训方面，公文写作被许多老师提到，这是管理人员必备的技能之一，还有PPT制作，常用分析软件、可视化软件、各种信息化平台的操作培训等都是与工作技能密切相关的专业培训。另外，不同岗位偏重的专业背景和岗位技能的培训有所不同，这就需要分类培训。

（二）综合运用多种培训形式，科学设置培训时间和频率，提高对教育培训的重视度

1. 加强在线培训

在线培训在美国高校应用广泛，调研的几所大学都有在线学习

平台，而且用户使用率高。目前国内也有在线学习平台，但是内容较为单一，如果不是学时要求，参与学习的干部并不多，即使有学时要求，许多干部仅仅是挂机状态播放学习视频，没有真正地参与到学习活动中去。尽管慕课中有些课程会设置鼠标操作或窗口活跃的环节和程序，但是，很多使用者的学习多流于形式。所以，在利用在线平台方便学习的同时，也要加强课程内容建设，有针对性地设计适合青年干部成长的培训内容，同时开发和完善移动端 APP 的操作界面，以及各种小程序，使学习形式更加灵活有效。

2. 加强异地培训

加强异地培训，赴其他高校交流学习，学习其他高校的先进做法对于培训者打开眼界，拓宽思维有极大的帮助。今年武汉大学机关与直属单位党委组织的 11 名青年干部深入北京大学对口单位的见习实践是一次很好的尝试，学员们可以学到很多以往培训课堂上学不到的知识，本次赴美研修也是学校重视青年干部培养的重要举措，让研修学员能学习国外一流高校的先进做法，学成实践于母校建设。

3. 综合运用多种培训形式

讲座报告在国内外高校都比较常见，大家可以通过汇报人了解很多知识。同时，实地调研、情景模拟也被大家认为是比较重要的培训形式，正如我们这次集中学习后的分部门实地调研，让大家收获了更多知识，并获得更多有针对性的材料。

4. 优化培训的时间和频率

美国高校行政人员在 5 年甚至 3 年内可以参加两次培训，我们的青年管理干部，如果不是辅导员系列或专职干部，很多干部在 5 年内只有一次甚至没有培训过。培训是一种提高也是一种激励的手段，加强培训力度和密度，使青年管理干部在 5 年内至少参加两次全校范围的培训，增进交流学习，营造积极主动申请学习的风气，对本职工作和职业发展起到促进作用。同时，我们的培训时间可以更加灵活。目前国内高校以集中学习一周或几天的方式为主，对干部学员的本职工作可能产生影响，在培训的几天内不方便第一时间处理紧急工作；在培训中我们也经常遇到干部们因重要工作请假的情况，还有在培训后期出现疲惫而影响学习效果的情况。所以可以借鉴国外大学，某些长时段培训项目的时间安排可以是每周固定一天的下午或晚上，培训持续 8~10 周的形式，类似学生选修课的时间安排。

5. 加强对培训的重视度

通过访谈美国高校管理人员，我们发现，学校十分鼓励员工进行继续教育，支持再读学位或者参加培训等，有时还会给予一定补贴。培训不一定都是人力资源部或继续教育部门组织或开发，不同的部门有不同的面向全校的培训。这些培训大多数对员工是免费的，部分项目的学费可以由员工所在部门支付，还有部分是收取比较低的学费。比如在物价高于中国的情况下，UCLA 有一个培训项目的费用是每人 25 美元。访谈对象中，作为部门领导的 Amy 老师表示，她会支持部门的老师去参加培训，如果员工能协调好工作和培训，很多部门也会同样支持自己的员工参加培训。美国高校十分看重员工培训，甚至会在招聘、转岗、升职中参考员工的培训经历。

二、培训效果评估反馈

《干部教育培训工作条例》中第五十九条指出："干部教育培训课程评估由教育培训机构组织实施。课程评估的内容包括教学态度、教学内容、教学方法、教学效果等。教育培训机构应当将评估结果作为指导教学部门和教师改进教学的重要依据。"我们可以将培训评估分为三个方面：一是对师资教学及课程质量的评估；二是对培训项目质量的评估；三是对参训学员进行的考核评估。

(一) 师资教学及课程质量评估

目前，国内很多高校都在培训后期对教学质量进行了问卷调查、抽样调研、随堂访问或回访，美国高校某些项目有邮件调查或随堂访问。结合国内外的评估指标，我们对师资教学及课程质量的评估可以分别从教学态度(治学态度、教学面貌)、教学内容(内容丰富、针对实用、前沿性、启发性)、教学方法(语言表达、教学形式)、教学效果(推动工作解决问题)、开放性问题(对该师资教学的建议)等五个方面进行统计分析，为把控教学质量提供有效支撑。

(二) 培训项目质量评估

培训质量评估可以在培训后通过问卷或调查表的形式向学员收集各项评估信息，评估指标包括课程与教学管理(课程体系设计、师资选配合适、教学组织有序性、培训和课程时长)、班级建设(学风营造、班级活动、培训团队的工作)、后勤服务(餐饮安排、住宿安排、教学设施)、开放性问题(您认为本次培训班有哪些方面让您印象深刻？您认为本次培训管理工作有哪些方面还需要改进?)等。该评估可以有效反馈项目的质量，为进一步改善和提高项目质量提供依据。

(三) 参训学员考核评估

对参训干部学员的测评包含多种形式：展示汇报、论文或调研报告、对研修内容进行测验、出勤率及课堂参与度考评等，通过访谈美国管理人员，笔者了解到他们认为展示汇报的形式最有效，不仅可以回顾总结学习的内容，还能引发深入的思考，启发后续的研究，并且锻炼汇报者分析问题和演讲的能力等，同时可以促进分享和交流。

每一期培训后及时调研培训项目的效果，做好三方面的测评可以加强培训的针对性和实效性。

三、培训项目案例

美国高校管理人员在被问到激励员工更热爱工作的主要因素时都谈到了"有一个好的领导，能正确的带领团队，指引做正确的事"，领导力训练是培养干部的重要环节，在我国高校，青年干部成长为优秀的领导也同样需要这门必修课，我们可以借鉴 UCLA 人力资源部门开发的高校领导力培训项目。

(一) 培训项目介绍

这个项目专为培养 UCLA 的高层领导而设计，针对不断变换的内部外部环境，培养一批高素质专业化的管理队伍。通过技能培训，导师指导和人际关系网络建立加强培训对象的竞争力，同时加强培训对象对所处工作环境的洞察力。

这个项目持续一年，首先对培训对象进行一个为期三天的个人评估，该评估会帮助了解受训者对组织的见解以及打破其对高层职位理解的局限性等。通过评估得到一份全面的评估报告，依据评估报告为受训者设计成长计划。

(二) 培训必修课程

有影响力的领导：作为领导，如何影响他人，如何得到持怀疑态度的员工、同事和高层管理者的支持，是需要恰当的方式方法的。这门课程旨在帮助受训者，使他们好的想法被倾听、接受和实施。

有效提高员工敬业度：本课程帮助受训者为员工提供一个积极和高效能的工作环境，激励员工的信心，增强其工作投入度和成就感。

如何面对挑战性员工并处理劳动关系问题：本课程以情景模拟的形式探讨在大学环境中可能出现的员工劳动关系问题。受训者将体验在富有挑战性的工作环境中如何有效地处理员工劳工关系问题，并得到专家的实践指导。

（三）培训选修课程

战略制定：帮助领导者制定、实施和评估合理的战略计划，以实现组织的长远目标。

引领变革：本课程的重点是领导者在推动职场变革方面的关键作用。让受训者学会引导员工，并与员工讨论如何最好地实施变革。它还就如何帮助他人克服变革的阻力提供了建议。

发展他人：成为领导者必然需要带领团队，指导他人。这门课程或者说实践持续整个培训项目，教练实用的技能帮助受训者做好发展、培养他人的角色。

有适应能力的领导：这门课程告诉受训者如何与各种类型的职工进行有效沟通，如何理解和应对他们的反馈。

识别和解决职场冲突：本课程告诉领导者如何识别工作中的矛盾和冲突，及时通过最恰当的方式解决矛盾，将损失降到最小。

领导高效的团队：领导者通过利用每个团队成员的独特才能，识别和消除阻碍团队实现高水平绩效的障碍，从而实现团队目标。在本课程中，受训者学习工具和技能以履行其三个主要的职责——发现团队问题、分析团队问题和解决团队问题，来促进其团队的成长。

创造和创新：这门课程通过帮助受训者提高创造力和分析技能来帮助组织创造和完善应对机遇和挑战的新方法。

培训期间可以参加的相关研讨会或沙龙有项目管理、加州大学系统中的战略分析、政策环境解读、成功的讲演、系列管理能力提升、高校财政预算、多样化及不同年龄层次的人才管理与培养、信息技术的挑战与优势等。

培训形式上，除了一系列相关课程和小组学习讨论，还有各种沙龙、工作坊实践。同时，每位受训者配有导师，高层领导直接辅导受训者，受训者可以定期或不定期的参与导师的会议，加入导师具体负责的某个项目或主管的事务。

这个项目也受学校高层领导和重要部门的重视和支持。在培训后期，受训者有机会将他们一年的研修成果汇报给高层领导、主管部门、校友以及相关部门的其他职工，同时得到他们的建议或者参与他们的项目工作。比如，往期的受训者，有的在校长办公室会议上汇报，为学校提供决策支持；有的在发展规划项目上报告财政分析或招生情况；有的向住宅建设部门汇报住宅扩展项目进展；有的向人力资源部门分析招聘趋势。

可以看到，项目的课程细化、专业且全面，研讨和实践、情景模拟和汇报交流穿插整个项目。受训者还配有导师，并能真正实践于导师相关的工作中。培训成果的汇报对象权威而专业，对培训对象能起到很好的领导力提升效果。

◎ 参考文献

[1] 张立. 对高校管理干部队伍建设的思考 [J]. 中国高教研究，2005(4).

[2] 张玫. 刍议高校青年管理干部能力的培养 [J]. 文教资料，2014(4).

[3] 张梅琳. 四川省高校教育干部培训现状及需求的调查分析 [J]. 湖北广播电视大学学报，2019(39).

[4] 陈宇明. 美国学校管理人员培训模式概述 [J]. 高等函授学报（哲学社会科学版），2009(22).

[5] 张婕. 高校领导干部培训实效性研究：基于对国家教育行政学院高校领导干部进修班回访与问卷的分析 [J]. 国家教育行政学院学报，2019(1).

[6] 万燕玲. 干部教育培训工作者的培训与管理 [J]. 高等继续教育学报，2019(3).

美国公立大学教师激励性薪酬制度的特征及启示

——以加州大学为例

文云冬

（武汉大学人事部）

《国家中长期教育改革和发展规划纲要（2010—2020 年）》提出："到 2020 年，建成一批国际知名、有特色、高水平的高等学校，若干所大学达到或接近世界一流大学水平。"教师是高校发展最重要的资源，是承担高校科研、教学和社会服务的主力军，其工作绩效水平高低决定着高校"双一流"建设的速度和质量。如何根据国情校情制定行之有效的薪酬激励机制，提升教师科研、教学和社会服务的积极性，是当前国内高校在人力资源管理方面向美国等高等教育发达国家学习借鉴的重点领域。美国拥有为数众多的世界一流高水平大学，这些世界一流大学的发展靠的是一流的师资队伍，吸引和激励高水平人才的薪酬体系在人力资源开发中起到了关键作用。本文在归纳我国高校教师薪酬制度问题现状的基础上，结合美国公立高校的代表——加州大学教师薪酬激励制度设计的经验，探讨其对于构建我国高校教师激励性薪酬体系的启示作用。

一、现状：当前我国高校教师薪酬分配当中
存在的若干问题

习近平总书记对我国人才制度建设作出重要指示："办好中国的事情，关键在党，关键在人，关键在人才。综合国力竞争说到底

是人才竞争。要加大改革落实工作力度，把《关于深化人才发展体制机制改革的意见》落到实处，加快构建具有全球竞争力的人才制度体系，聚天下英才而用之。"我国高校"双一流"大学建设目标的实现，各项人力资源开发建设战略的实施，都离不开激励性薪酬制度作为根本保障。和美国公立高校教师高度市场化、激励性强的薪酬体制相比，由于我国高校教师薪酬分配在市场化、激励性等方面存在不足，往往造成人才流失、部分业绩较好的教师对薪酬满意度低等一系列问题。

1. 薪酬结构不合理，绩效与考核挂钩不紧密

一方面，国内高校教师薪酬组成当中，岗位工资占总收入比重普遍较低，不能有效实现保障功能，与高校教师稳定性、保障性强的职业特点不相适应；另一方面，教学科研绩效等项目组成的绩效工资因为考核标准不够完善、考核结果不能完全运用，导致绩效考核中容易出现流于形式，薪酬激励功能有所减弱。绩效工资当中的教学绩效总量占比偏低，且平均化倾向严重，教师投身教学积极性不高。科研绩效和社会服务收入方面，少数教师拿到了大部分绩效收入，其他大多数教师这两部分绩效收入普遍偏低。

2. 高校内部存在不平衡，薪酬分配公平性不足

我国高校教师薪酬制度内在公平性的不足主要体现在以下几方面。一是学科之间收入差距过大。大部分高校不同学科在招生规模、科研水平、教学和社会服务工作量等方面差异性非常大，教师薪酬分配受学科之间差异性影响很大。二是校内教师和新引进人才之间、教师与行政管理等其他类别人员之间的薪酬差距较大。薪酬分配没有完全依据统一绩效考核标准，不能根据岗位性质、工作业绩进行分类综合评价，没有建立各类别人员薪酬之间的合理比例关系。三是科研和社会服务收入差距大。科研和社会服务收入在薪酬总量中所占的比例日益增大，且集中在少数教师群体，导致人才培养等"双一流"建设指标不受重视。

146

3. 薪酬不与市场挂钩，缺乏动态调节机制

我国高校的教师薪酬制度与全员聘用制结合不够紧密，没有实现"能上能下"，部分没有"帽子"的教师虽然工作业绩表现突出，但是没有在薪酬分配中得到充分认可，薪酬激励作用没有体现。每年教师薪酬增长没有与物价指数上涨、社会平均工资上涨幅度相匹配。

二、借鉴：以加州大学为代表的美国公立大学教师薪酬分配制度注重考核且竞争性强

以加州大学为代表的美国公立大学教师薪酬制度，其形式主要为单一薪资制，而私立大学则主要采取签约薪资制。加州大学采取的单一薪资制，详细规定了固定的级别、晋升过程中每一个等级的薪酬标准，以及每次晋升需满足的时间、条件等要素。签约薪资制则根据教师的科研贡献、教学水平和学术活动等方面，预判教师的工作绩效，并由学院与教师共同协商确定薪酬水平，商定负面清单。

1. 合理设定层级，教师薪酬与考核挂钩

加州大学各分校的教师薪酬在不同专业技术职务之间差距很大，其教师薪酬制定基于体现级别的教师专业技术职务和体现资历的薪级两个维度，同级别的专业技术职务再细分为若干层级，共设置16个层级。其中助教包括4个层级、副教授包括3个层级、教授更是细分为9个层级，各个层级的薪酬公开透明(见表1)，教师们认同度高。加州大学教授最高一档的年薪为14.63万美元(指9个月工作时间的年薪，下同)，而助教的最高一档仅有6.48万美元，两者之间的差距比例为2.26倍。同一级别专业技术职务的不同层级之间薪酬梯度设置合理，层级差距为0.3万~1.2万美元不等，其中，教授的层级差距最大，依次过渡到助教的层级差距

最小。

表1　　　　　加州大学教师薪级表（2012—2013 年）

职务	级别	年限	9 个月薪酬（美元）
助理教授	1	2	54800
	2	2	58100
	3	2	61300
	4	2	64800
副教授	1	2	68100
	2	2	71400
	3	2	75400
教授	1	3	80100
	2	3	86300
	3	3	92600
	4	3	99300
	5	—	106400
	6	—	115200
	7	—	124600
	8	—	134900
	9	—	146300

　　加州大学十分注重提升教师工作绩效，教师薪酬层级根据工作业绩考核结果决定，助教、副教授每两年评估一次，教授每三年评估一次，在担任教授 12 年后，不再需要评估。在一个聘期内，一般由学院通过考核教师教学科研等绩效水平的高低来确定薪酬层级以及加薪与否、加薪幅度。学院使用工作目标达标程度、教学科研定性定量指标测算等办法对教师工作绩效进行全面评估之后，最终确定薪酬水平。教师工作业绩与薪酬晋级挂钩，真正做到"能上能下"，体现同工同酬、优劳优酬，薪酬晋级预期明显，形成内在激

励，有助于提升教师竞争赶超意识。

2. 实行分类指导，通过激励规避高校内部不平衡

加州大学的教师薪酬制度设计合理，不仅考虑到不同学科、层级的教师群体之间的合理性和公平性，也体现了教师和行政管理人员等类别教职工之间的差异性，规避由于高校内部管理不平衡带来的薪酬分配不均衡问题。加州大学行政管理采取自下而上的方式，教授聘用、副教授以下专业技术职务晋升，包括随之而来的薪酬层级确定，全都由学院教授委员会决定。学院教师薪酬总量则由学校决定后划拨，少数高层次人才由学校单列，实行"一事一议"。中层以下行政管理人员薪酬如何分配，则由学校人力资源部门和分管人力资源的副校长负责确定。校领导等高级别行政管理人员薪酬分配，则由州政府相关部门、学校董事会等负责考核确定。教师平均薪酬水平高于中级行政、教辅人员，但低于高级别行政管理人员。各类型人员之间的薪酬标准形成合理比例关系，行政管理人员和教辅人员按照"同岗同酬"原则，相同级别人员的岗位工资标准基本一致，主要通过管理服务工作业绩考核划分绩效收入层级。

3. 教师薪酬市场化程度高，福利待遇具备动态调节功能

加州大学的教师薪酬水平与市场完全接轨，社会上热门行业所对应学科的教师薪酬相对较高，而冷门行业对应学科的教师薪酬则无法与之比肩。例如，计算机技术、电子信息和金融学等市场经济热门领域学科的教师薪酬远远高于理学、历史和文学这类冷门领域的教师薪酬。加州理工大学的做法是"根据同区域内的市场调查结果制定合适工资率"。为了保证教师薪酬对外竞争力，学校就各学科领域薪酬水平展开当地行业性市场薪酬调查，将劳动力市场薪酬调查结果作为本校制定教师薪酬的重要依据。学校人力资源部门按照教师所在不同学科、不同职称，收集和分析劳动力市场薪酬数据，制定本校教师薪酬标准和实施规划。

加州大学重视教师福利待遇，将之作为薪酬的补充，也作为薪酬动态调节机制。这些福利待遇具有多样化、人性化和菜单式的特

点。据美国教授联合会的调查结果显示，2012—2013 年每位教师的平均福利支出占教师总薪酬的 28.1%。在福利项目当中，既有联邦、州政府和地方法律规定的项目（如工伤待遇、失业工资），以及基本福利保障（如医疗保险、人身保险、退休金、牙医保障等）。除此之外，高校还为教师提供具有学校特色的福利项目，如教师子女学费补助、子女帮扶计划、带薪学术假期、优惠券、健康帮扶等。教师可以在学校提供的福利菜单当中自由选择个性化的福利项目，这些福利保障既包含基本医疗养老保险，也充分考虑了教师的职业发展、休假、退休养老等各方面需求，同时还照顾到了教师家庭成员。这些动态调节的福利政策有助于减轻教师的后顾之忧，甚至可以取得比货币化薪酬更好的人性化关怀效果。

三、启示：构建科学合理的我国高校教师薪酬激励制度

在贯彻落实党的十九届四中全会精神、推进"双一流"高校建设进程中，我国高校要大力推进自身治理能力建设。教师薪酬制度是大学内部治理中具有基础性和关键性的制度安排，是推动高校人事制度改革的重要一环。2013 年 2 月 8 日，国务院办公厅下发了《关于深化收入分配制度改革重点工作分工的通知》（国办函〔2013〕36 号），通知中指出，"结合分类推进事业单位改革，建立健全符合事业单位特点、体现岗位绩效和分级分类管理的工资分配制度"。我国高校可以借鉴加州大学有关经验，从教师薪酬制度设计的激励理念、项目和结构、标准和比例以及实施规划等方面进行吸收创新。

1. 按照五大原则构建教师薪酬激励体系

薪酬激励体系的五大原则包括公平性、激励性、竞争性、经济性和合法性。公平是薪酬设计的基础，教师会对公平的薪酬制度产生认同感。基于此，薪酬的激励作用方能体现。一味强调给重点人员发放高薪不能有效地激励绝大部分教师的工作积极性，只有建立

在科学合理基础上的薪酬制度，才能真正起到激励作用。高校人力资源部门要合理配置教师人力资源，通过给不同学科合理定编定岗，达到各类别劳动力资源的需求与实际配置的平衡，当教师专业技能要求与到岗人才素质相当时，人力资源开发利用才真正达到最科学的契合点。

2. 薪酬分配应进一步明确校院两级管理的权责

我国高校管理体制当中，学校是统筹管理的核心，学院是校院两级管理的关键，院长行使一定的行政管理职能。在加州大学教师薪酬管理体制中，院长对教师薪酬层级晋升、分配原则制定、业绩等级考核等拥有最大决定权。我国高校可以在强化学院党委领导作用的前提下，在一定程度上对这种做法加以借鉴。学校在制定目标任务、严格管理制度以后，管理重心下移，使学院权责利高度统一。学校核定学院各类人员薪酬总量和标准，将人员经费下拨给学院，注意保证吸引和稳定高层次人才。学校引导学院精细化管理，通过严格考核，合理设置具有学院特色、激励性强的薪酬分配制度。

3. 建立科学高效的薪酬激励管理战略规划

建立科学高效的薪酬激励管理战略规划，包括以下几方面。一是要定期开展教师薪酬调查。美国教授联合会定期对大学教授薪酬水平进行调查，分析薪酬数据，为高校提供详细的报告，为高校制定具有对比全社会、同行业具有人力资源竞争力的薪酬战略提供重要依据。二是要科学、分类设置教师岗位，做到因需设岗。高校应基于各自战略发展的需求，结合各学院所需人才和学科发展的需要，在对学院历史业绩进行客观分析的基础上，科学合理地确定教师岗位的种类、数量，通过实施全员聘用制，严格确定教师岗位职责，为考核打好基础。三是在加强业绩考核方面，对教师制定符合教学、科研和社会服务特点的绩效考核制度，将考核指标按照学科业绩、团队业绩、岗位业绩划分，设置合理权重，其三者综合考评强调质量导向，促使教师产出原创性高水平研究成果。

◎ **参考文献**

[1]赖亚曼. 美国高校教师薪酬外部竞争力分析及启示[J]. 清华大学教育研究，2008(6)：91.

[2]刘婉华，袁汝海，斐兆宏，等. 高校教师工资待遇国际比较与思考[J]. 清华大学学报(哲学社会科学版)，2004(6)：86-91.

[3]柯文进，姜金秋. 世界一流大学的薪酬体系特征及启示：以美国 5 所一流大学为例[J]. 中国高教研究，2014(5)：21.

美国高校人力资源管理的特点及启示
——以加州大学洛杉矶分校为例

陈　畅

（武汉大学计算机学院）

　　美国建国不过两百多年，但百年以上的高校众多，足以说明美国社会对高校的重视和偏爱。美国经济快速发展、科技持续进步、国际竞争力不断提高，可以说其高等教育为国家发展提供了巨大动力，美国高校为国家的强大作出了巨大贡献。高校的特点是知识密集和人才密集，人力资源是高校重中之重的核心资源。高校的人力资源主要包括教师、管理人员和员工三大类，具有百年建校历史的美国高校，在人力资源管理方面的成熟机制为高校的发展奠定了良好的基础。

　　本文以美国加州大学洛杉矶分校为例，重点考察分析学校在人力资源管理方面的一些特点以及对我国高校人力资源管理的启示。

一、加州大学洛杉矶分校简介

　　加州大学洛杉矶分校（University of California, Los Angeles, UCLA），位于美国洛杉矶市，1919 年建校，是世界著名的公立研究型大学，环太平洋大学联盟成员。UCLA 在 2018—2019 年 Wall Street Journal、Times Higher Education 以及 US News 多个排名中均高居美国公立大学首位，是美国申请人数最多的大学。UCLA 在 2019 世界大学学术排名 ARWU 中位列世界第 11；在 2019 年泰晤士高等教育世界大学排名中位列世界第 17，在 2019 年 USNews 世界大学排名中位列世界第 13，在 2019 年 QS 世界大学排名中位列第 32，被誉为美国商业金融、高科技产业、电影艺术等人才的摇篮。

UCLA 也因学生在奥运会等体育赛事中取得的优异成绩而闻名于世，其学生和校友参加了自 1920 年以来的每届奥运会，获得了包括 133 枚金牌（位居全美第三）在内的 261 枚奥运会奖牌（66 银，62 铜），总奖牌数位列全美第三。其出产的 NBA 球员数量位居全美第二。在美国 NCAA（全国大学体育协会）的联赛中，UCLA 总共拿下了 118 个冠军，冠军总数位列全美第一。目前，有 120 多名校友是职业运动员。

UCLA 的教职员和毕业生中共有 14 位诺贝尔奖得主、2 位图灵奖得主、1 位菲尔兹奖得主、30 多位麦克阿瑟天才奖得主和 7 位普利策奖得主。其校友已经获得了 38 项奥斯卡奖。同时，UCLA 是互联网的诞生地，发现了世界首例艾滋病病例。其创新产生了近 3000 项发明的活跃组合。根据此处开发的技术，已经创建了 140 多家公司。

UCLA 有超过 42000 人的教职员工，作为南加州五大雇主单位之一，为当地经济贡献了 127 亿美元。仅加州大学洛杉矶分校健康系统就有 32 亿美元的产出。UCLA 不仅仅是一所大学，因为教职工数量庞大，加上学生人数众多（大约 32000 名本科生和约 13000 名研究生），可以说是地区的一个经济引擎。

二、加州大学洛杉矶分校人力资源管理特点

（一）人员分类及数量

加州高校系统分为三个层次：研究型的加州大学系统、教学型的加州州立大学系统、技能型的社区学院系统（见图 1　加州高校系统图）。其中加州大学系统中的洛杉矶分校的人力资源管理实行分类管理，分为教师（Faculty）、管理人员（Administration）、员工（Staff）三大类。

加州高校系统图

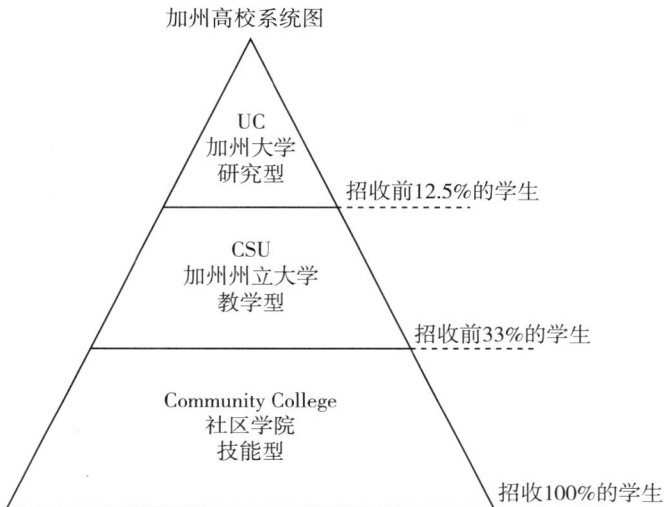

图 1　加州高校系统图

教师是指专业教师，相当于我国高校的专业教师，由教授事务委员会负责招聘、考核与管理。

管理人员为学校中高层管理者，类似于我国高校中层及以上干部。校长由学校董事会任命，在校长顾问委员会的推荐建议下，校长聘任 1 名执行副校长和 9 名副校长（见图 2　UCLA 行政组织图）。由执行副校长具体负责管理各职能部门，一般管理人员均由获得终身职位的教授担任。

员工是指行政人员及教辅人员，相当于我国高校中层以下的行政、教辅人员，由人力资源管理办公室负责招聘、考核与管理。

（二）教职工的聘任

教师的招聘主要由各学院（系、研究所）承担具体工作。一般各学院（系、研究所）会在网站上公布招聘专业教师的具体要求与相应条件，每半年（或收到合适的求职申请后）会举行一次招聘评审会，评审会的评委由学校负责人、学院（系、研究所）负责人及同行专家（包括校内外）组成。招聘评审会采取投票的方式产生是否聘任应聘教师的建议，由教授事务委员会根据招聘评审会的建

加州大学洛杉矶分校组织机构

```
                                    助理教务长
                        校长
                   临时执行的副校长和教务长
  助理教务长

健康科学副校长    登记管理         人文科学院长      艺术与建筑院长    音乐学院
              副教务长                                           院长

法律副校长      研究生教育院      生活科学院长      牙科学院院长     护理学院院长
              长、研究生部

研究副校长      信息技术         物理科学院长      教育和信息研究    公共事务学院
              副教务长                          院院长          院长

学生事务副校长   美国文化研究      社会科学院长      工程和应用科学    公共卫生学院
              副教务长                          院院长          临时院长

校际体育        跨学科和跨学院    本科生教育院长    法学院院长       副院、电影
比赛主管        事务副教务长     本科生教育副教              电视学院院长
                            务长

              国际研究和全球    商学管理学院院长   学校教育及推广
              会议副教务长                     主任

                            医学院院长       大学图书馆
                                          管理员
```

副校长
学术人员

行政副校长

副校长
公平、多样性
和包容性

副校长
对外事务

副校长兼首席
财务官

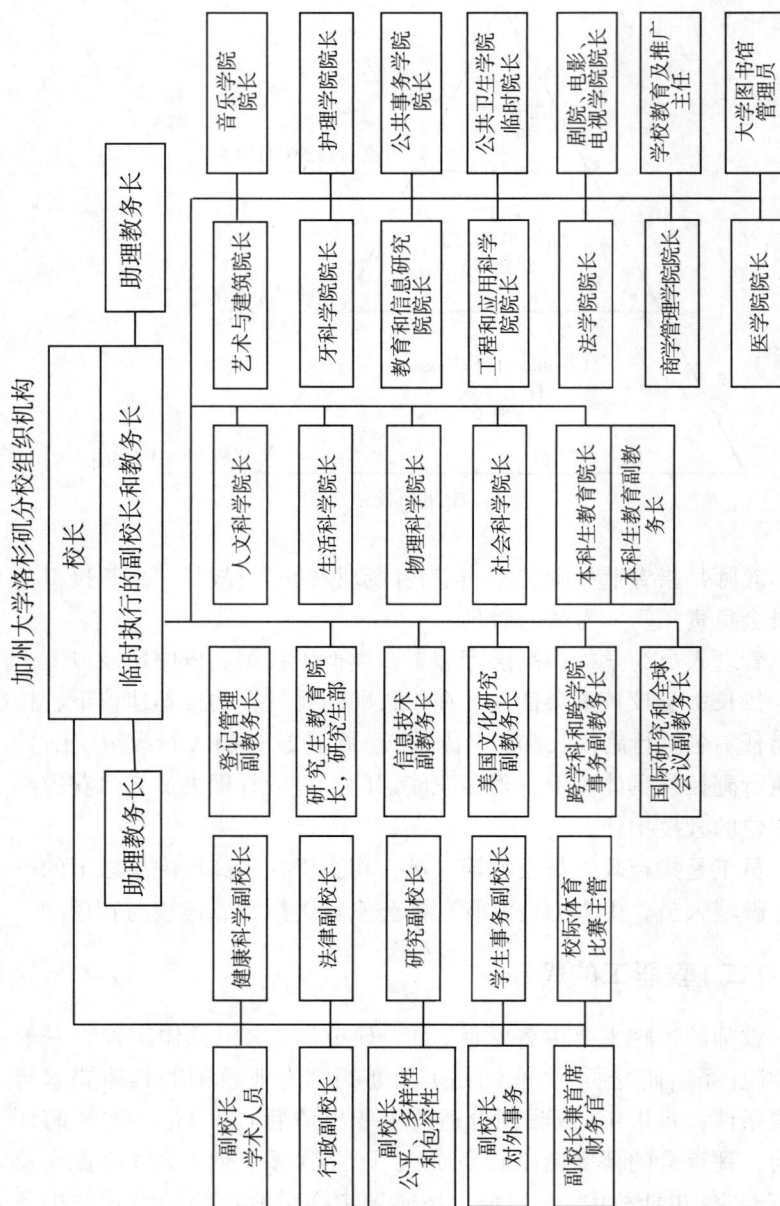

图2　UCLA行政组织图

156

议，形成是否聘任应聘教师的决定。教师分为三种类型：终身职位、预备终身职位、非终身职位（一般称为讲师）。其中非终身职位本质上是临时性全职聘用教师，一般为刚毕业的博士研究生，终身职位与预备终身职位的教师分为教授、副教授、助理教授三个层次。

管理人员岗位一般由获得终身职位的教授担任，除了校长聘任的各副校长岗位外，学院院长及各种事务的管理人员（相当于我国高校中层干部）的岗位均公开竞聘上岗，因为管理岗位年薪基本高于一般的终身教授，所以一旦有管理岗位空出，就会有很多获得终身职位的教授竞争上岗。每5年一个聘期，期满后考核，根据考核结果，学校决定是否续聘，如果管理工作不够优秀，则解除管理岗位聘任，一般回学校继续担任终身教授。

员工的招聘由需求部门提出申请，由学校人力资源管理办公室经调研确认岗位需求后确定招聘职数。招聘程序一般为：人力资源管理办公室发布招聘信息，招聘委员会审查应聘人员的资格和条件，招聘委员会对符合条件的应聘者面试，招聘委员会提出是否聘用建议报告，需求部门决定是否试用。一旦同意聘用后，双方商议签订聘用合同。

（三）教职工的考核与晋升

按照"合同"管理教师是美国高校聘任制度的核心内容。高校与个人的关系受法律约束与保障，是一种以合同文本约定的聘用关系，教职工的职务岗位、工作任务、薪酬待遇、聘任期限等在聘用合同中明确规定，每个教师对照聘用合同，清晰了解自己的责权利，真正做到了"能进能出、能聘能辞"。聘期后管理采用"非升即走制""终身教授制"与"学位淘汰制"的竞争机制。

以加州大学洛杉矶分校为例，对教师的考核评估主要涉及三个方面：科研工作、教学工作、社会服务。一般受聘一年以上的教师，均要为本科生授课（特别强调教授为本科生授课）。教授事务委员会对聘期满5年的各级职位的教师进行考核，组织考核小组（包括校内外专家）对考核人的科研工作、教学工作、社会服务三个方面进行综合评价，根据考核结果决定是否续聘、升职或获得终身职位，评价结果以书面通知。

对管理人员的考核主要由校长办公室和人力资源管理办公室负责，一般在聘期届满前夕，组织考核小组对考核人进行360度全方位考评，不同级别及类型的岗位考评内容、要求和侧重点不同，最后形成考核建议，由学校决定是否续聘或晋升更高一级管理人员。

对员工的考核主要由人力资源管理办公室和被考核人所在部门负责。员工岗位，如果试用期考核合格则获得终身聘用合同，不合格则解聘。一般由人力资源管理办公室采取年度考核的方式，主要征集被考核人的主管上级意见。年度考核合格及以上的人，则加薪5%，年度考核作为晋升的重要参考依据。连续两年年度考核不合格，则换岗或解聘。

三、思考与启示

（一）教职工员工的分类管理模式

美国高校对人力资源管理的很多方式和内容都与我国高校有相似之处，不过美国公立大学的人力资源管理实行分类管理，全校教职员工共分为三大类：教师、管理人员以及员工。不同类别的员工由不同的部门、按不同的程序和方式进行管理。

教师由教授事务管理办公室负责聘任、考核与管理；管理人员岗位均由获得终身职位的教授担任，除了校长聘任的各位副校长岗位外，学院院长及各种事务的管理人员岗位均公开竞聘上岗，主要由校长办公室负责招聘、考核与管理；员工相当于我国高校普通行政、教辅人员，由人力资源管理办公室负责招聘、考核和管理。

管理人员由终身教授通过竞聘的方式产生，这样的制度安排有一定的优势。获得终身教授的教师，一般都是从助理教授、副教授、教授晋升上来，这一段晋升经历大概的年龄段为30~50岁，是人生最富有创造性的年龄，因此在获得终身教授前的竞争机制使教师的创造性得以充分发挥与挖掘。获得终身教授职位后的教授年龄一般在 50 岁左右，到了这个年龄的教师在科研创新能力方面逐渐处于劣势，但在学科与专业及管理方面的了解比较富有经验，由他们担任管理岗位对协调教师关系、管理学生学业与学术发展更有优势，这样的制度安排可以充分发挥教师在不同发展阶段的价值，对教师的激励体现在了职业发展全过程。对各种管理岗位，也能实现能上能下的机制。

上述分类管理模式对管理对象的针对性较强，不同类型人员之间考核和晋升渠道各有不同，具有人力资源管理更精确的优势。

（二）流动性和连接性相互结合

高校的核心资源是高层次优秀人才资源。吸引并留住优秀人才，最大限度地挖掘内部人才潜力，落实人才适当流动的运行机制，是高校人力资源管理的目标。在加州大学洛杉矶分校基本形成了优秀人才不断聚集，不适合的人才能够及时退出的局面，保持住了一定的人力资源活力状态。

加州大学洛杉矶分校共有教职工约 4.2 万人，每年招聘约 3200 人，每年收到 10 万多名应聘者的申请。作为公立大学，其基本工资并不算太高，吸引并留住优秀人才靠的是充分的连接。

连接主要分为两方面：一方面是学校与人的连接，另一方面是人与人的连接。在学校与人的连接方面：一是学校良好的声誉和社会影响力，能够吸引弱关系的优秀人才加入；二是对新进教职工开展的各种培训，包括入职培训和职场技能等培训，能够增强教职工的属性感、归属感，提升其专业性和规范性；三是为教职工提供各种专项福利，如定点医院就诊、体检、幼儿园托管等，为教职工解决后顾之忧；四是学校提供灵活的工作时间，吸引个性化的人才加入；五是让更多的教职工参与学校规划、章程的制定过程，强化主人翁参与感；六是与校友保持紧密性联系，争取校友们的各种资源，包括人力资源。在人与人的连接方面：一是开展各种活动，如全校野餐会等，创造机会让同事之间更好地沟通；二是在校园内建设大量的公共开放性场所，为教职工及师生之间提供更好的交流空间。无时无刻地连接，使教职工从依赖学校，到深爱学校。

学校的发展，需要不断地聚集优秀的人才资源，同时还要保持相对稳定的人员规模。适当地促进人才的流动，是学校保持人力资源活力的有效途径。"非升即走制"促进个人的向上发展动力；"学位淘汰制"是指如果出现学校调整学科专业或者学校关闭情况，即使终身教授也会失去工作。因此"非升即走制"与"学位淘汰制"的实施，不仅极大地鞭策和激励着全体教师为提高所在系或专业的教学质量与学术地位而努力工作，而且也促进系和专业对新教师的招聘与晋升严格把关，否则将影响他们共同的声誉和饭碗。管理人员与员工由服务对象、同事和主管上司进行年度考核，考核合格则可加薪及续聘，考核不合格则会解聘。由此约束着管理人员与员工为服务对象的工作状态。

美国高校设置的这种流动性和连接性相互结合的人力资源管理方式是建立在美国竞争性文化的基础上，竞争是核心，达不到学校要求或不符合学校要求的人员最终都得离开，只有那些真正优秀并符合学校需要的人员才能更深入地与学校连接。

（三）定量与定性相结合，更注重务实的工作成效

美国高校人力资源管理中普遍采用全方位考核法，即360度绩效评估考核方法。考核指标由定量和定性两部分指标构成，倡导务实的工作作风及成果。管理人员与员工由服务对象、同事和上级对其工作进行评估打分。考核设置了五个等级，一级最优，五级最差，三级为合格。考核打分时不仅要考虑被考核者在目标完成等量化指标的表现，而且还考虑被考核者的履职情况、团队协作精神等方面的表现。最终考核结果与续聘、晋升、奖惩和福利等直接挂钩，考核优秀者能获得更长的聘任合同，工作年限越长获得的退休待遇也更高，从而使优秀的管理人员队伍维持着较为稳定的状态。

对教师的考核主要涉及教学工作、科研工作、社会服务三方面。教学工作由直接面对的学术、同事和系主任进行考核。教学工作考核关键指标包括授课内容是否具有挑战性或创新性，是否能为学生发展提供可靠的智力支持，采纳的教学方式是否为学生所喜爱等方面；对教师科研工作的考评主要评价其发表成果的创新性，强

调发表论文的质量，对科研考核主要设置在晋升职称与终身教授获得的条件中，与聘期内个人年薪是没有关系的，学校认为科研工作是担任教师职位的三大基本职责之一，不会为教授发表文章设置科研奖励，学校鼓励教师争取各级研究项目，获得科研项目资助后学校要提取一定比例的管理费，因为科研项目的开展占用了一定的学校设备等公共资源；对社会服务的考核，主要指标包括参加国际会议、参与各种学术组织及社会协会等作出的贡献等，鼓励为社会及国家多作贡献。

（四）多元化交融，用其所长，精诚合作

美国高校的国际化程度非常高，世界各地的学者、优秀人才在此聚集。这些来自不同国家，不同种族，拥有不同文化及信仰的学者，能够在美国高校发挥其所长，去其所短，精诚合作，促进科研创新。美国高校真正做到了多元化的合作，形成了优秀人才相互吸引，归拢聚集的生态效应。

美国高校非常重视多元化的融合，具体体现在两方面。以加州大学洛杉矶分校为例，一是设置副校长级别的多元化管理岗位，专项负责多元化事务的管理工作，直接向校长汇报工作；二是具有多元化学术背景的学者更容易获得职位，具有多元化的学习经历的学生更容易申请进校。对于非美国人进入美国高校工作，不叫"融入"而叫"加入"，表明增加了新的文化、新的方式方法。

试想一下，能够吸引世界上最优秀的人才来学习，来工作，来加入，拥有了如此丰富优质的人力资源流量的高校，其声誉度和美誉度一定不低，办学质量也一定是一流的。

（五）为谁而战，为何而战的使命感，贯穿职业生涯全过程

崇尚学术自由和多样化是美国高校的基本特征，教师的工作基本上是完全自我管理的，没有人规定教师必须怎样上好一门课，没有人督促着教师应该怎样干好科研工作，实际上只有聘期期满考核是无形的压力和动力，因为会有一定比例的人员由于考核不合格而

被解聘。对教师的管理，就是一种注重结果的管理方式。对教师的日常管理，只做好一件事情，就是时刻提醒着教师们"为谁而战，为何而战"的使命感，并贯穿教师职业生涯全过程。

为谁而战？对于年轻的老师来说，为学校而战。在教学、科研及社会服务方面，为学校多作贡献，相应的职称及薪酬自然也会上去。对于学术大师来说，为人类而战，为人类文明探索更前沿的真理，造福人类。

为何而战？为职称及薪酬而战，为探索前沿真理而战，为人类文明而战。"为谁而战，为何而战"的使命感，促使教师们时刻保持旺盛的工作动力，不断在工作中取得丰硕成绩。

学校培养教师们"为谁而战，为何而战"的使命感，采取的是一种润物细无声，潜移默化的影响方式。以实用性为原则，使软文化功能性达到自我认同、自我强化的作用。以加州大学洛杉矶分校为例，学校非常注重校园文化建设，通过设立学校的吉祥物棕熊和开发带有学校 logo 的文化产品，让师生们在使用产品时增强对学校的认同感。注重体育教育，倡导体育精神，在丰富的体育活动及赛事中，提升师生们的坚韧的意志力、团队的合作精神和自觉的规则意识。加州大学洛杉矶分校也是公认的体育强校，学校在各种大赛中获得的优异成绩，增进了学校师生的凝聚力，提升了自豪感。此外，给予教师充分的自主性，对教师的教学、科研一般不予干涉，学校管理中广泛利用现代化的网络手段进行通知、管理、考核等工作。一方面，较少占用教师的宝贵时间；另一方面，也使学校各项事务高效运行。

美国公立研究型大学与我国许多"双一流"高校的定位基本吻合，规模也相近，其人力资源管理制度中的一些举措和制度使学校教职工在教学、科研、管理等各项活动中实现了有序的竞争，而竞争机制的实现使学校各支队伍总是处于不断进取的状态，充满了生机和活力，使其潜力得以挖掘，水平不断提升，值得我们认真思考和借鉴。

◎ **参考文献**

[1]荀渊. 美国教师专业教育兴起的历程：以加州大学洛杉矶分校教育学院为例[J]. 教师发展研究，2017，1(4).

[2]罗良清. 美国大学校园文化建设和大学生身份认同建构的关系研究：以美国加州大学洛杉矶分校和南加州大学为例[J]. 南昌师范学院学报，2018.

[3]马小宁. 美国西海岸大都市洛杉矶经济腾飞原因探析[J]. 河南师范大学学报(哲学社会科学版)，2007(3).

[4]王思豫. 美国高校教师队伍建设及其启示[J]. 教育探索，2017(1)：105-108.

美国公立大学员工福利体系的
特点及其启示
——以加州大学系统为例

徐 鑫

（武汉大学高等研究院）

美国作为传统高等教育强国，拥有一批世界一流的公立大学，这些公立大学通常在所在州内形成公立大学系统，由一个校董会管理，同一系统内大学间政策保持一致，加利福尼亚大学即是其中的佼佼者。加利福尼亚大学简称加州大学，由加州大学伯克利分校、加州大学戴维斯分校、加州大学尔湾分校、加州大学洛杉矶分校、加州大学默塞德分校、加州大学河滨分校、加州大学圣地亚哥分校、加州大学旧金山分校、加州大学圣塔芭芭拉分校、加州大学圣克鲁兹分校等十所成员学校组成，是美国最好的公立大学系统。加州大学系统拥有广泛的世界影响力，被誉为"公立高等教育的典范"，不仅在教书育人、科研创新上拥有超高的能力水平，在高校管理上更是走在世界的前列。本文将系统介绍加州大学系统的员工福利体系，并将归纳总结其对我国高校员工福利设计的启示。

一、加州大学系统员工福利体系介绍

加州大学（以下简称 UC）为员工提供包括健康、人生保障、退休等在内的七大类福利，详见表1。

表 1   加州大学的员工福利表

类型	内容	说明
健康保障计划	UC 系统为员工提供涵盖体检、看病、住院、处方药等费用减免或报销的医疗保险，根据员工的岗位、工作性质、任职时间不同，按照保障程度由高到低分为三级，保费也由高到低减少，保费由学校和个人共同承担。 高级保障计划中还包括洗牙、补牙、口腔检查、牙齿疾病治疗、视力检查、配框架或隐形眼镜、激光矫正视力手术、眼部护理服务等费用的减免，其他两类计划均不包含。	1. 保险计划由多家保险公司提供，员工可根据住址、提供服务的医院和药店不同等自由选择不同的保险计划。 2. 除本人外，员工子女及一名符合条件的成年亲属也可选择加入 UC 健康保障计划。
人身保障计划	UC 为员工提供伤残险、寿险、交通意外险等保障，以及每年不超过 22 天带薪病休假，其中伤残险可为因生病受伤、怀孕生育等原因不能工作的员工提供经济支持。保障分为基本保障和额外保障，所有员工都可享受基本保障，费用由 UC 缴纳。在此基础上，还可自愿加入额外保障，产生的费用由本人承担。	除本人外，员工配偶及子女可投保 UC 提供的寿险，员工的一名符合条件的家庭成员可投保交通意外险，所产生的费用均由员工本人承担。
退休计划	主要包括养老金计划和储蓄计划两类： 养老金计划，是指 UC 在员工退休时，每月向其账户发放固定额度养老金；储蓄计划类似于 401 计划，由学校和个人每月根据工资的一定比例向退休账户充值，并由个人从学校提供的投资品组合中选择投资，获取收益，投资风险由个人承担。养老金计划和储蓄计划所需要的费用由学校和个人共同承担。 除此之外，UC 还提供额外退休储蓄计划以及退休医疗保障计划。	

类型	内容	说明
法律保障及灵活开支账户计划等	除健康类和退休类计划外，UC还向员工及其家人提供法律援助计划、节税计划(提供灵活开支账户以扣减应纳税收入)，以及商务旅行险、家宅维护/租赁险、宠物保险等服务。	法律援助、宠物保险、家宅险、商务旅行保险分别由不同的保险公司提供，UC系统员工可享受更低的保险价格。
工作—生活平衡计划	学校提供保障员工及其家人健康生活所需的项目、活动、设施等，主要有： 健康保持计划：为保障员工及其家庭成员的健康，UC向其提供一系列健康相关的课程(比如饮食、健身、医疗辅助等)，并开放校内各类公共设施(如健身房、游泳馆等)供其免费或低价使用。 员工辅助计划(EAP计划)：由学校出资向员工提供的保密性咨询服务，服务类型包括压力缓解、心理健康、婚姻家庭、人际交往、财务法务咨询等。 旅行服务：员工可以低价享受UC提供的因公和因私旅行服务，包括提前登机、选座、候补优先、旅行保险等。 "光明前景"护理优享计划：UC通过多种线上线下机构，为员工找到合适的幼儿、老人、宠物护理、考试辅助等机构。机构合作费用由UC承担，服务本身的费用由员工承担。 此外，UC还提供带薪休假、宠物保险购买优享等服务。	

二、美国高校福利体系特点

UC系统的福利体系是美国高校中比较典型的一个事例。通过以上介绍，可以看出美国高校福利体系是比较完善的，也很富有人性化，体现了以人为本的管理思想，主要具有以下三大特点。

（一）多样化

美国高校福利计划项目繁多、覆盖面广，各种福利项目综合成一揽子福利，依据自己和家人需要自由选择。其福利体系中既包括了法定的保险项目，如基本健康保险、基本人寿保险、养老金计划、工伤保险等，又包括了大学利用团体优势与一些商业性保险公司所签订的保险项目，如长期护理保险等，员工可以自愿选择，还包括了为校内员工投资、储蓄、避险提供各种方便，如教育储蓄、大病医疗储蓄、延税年金计划等。同时，从员工日常生活需要出发，广泛提供各种各样的项目、设施等供员工使用，且对员工开放校内各类公共设施供其免费或低价使用等。

（二）专业化

几乎每所高校都设有专门的福利办公室，甚至有些还独立于人力资源管理部门以外。员工来校工作后必须在规定时间内办理福利注册手续，制订个性化的福利计划，同时还可以在每年的特定时期重新评估自己的需求并修订原福利计划。高校的各种福利措施通过福利办公室进行落实，这就从体制上保障了员工福利。同时，福利办公室还开发了多种工具，包括面向员工的福利政策宣传册、网页版退休金试算器、网页版个人一揽子福利自选试用体验（如 UC 福利办公室开发的 UCnet 服务网站）等，体现了其工作的系统性和专业性，极大提升了员工对福利政策的了解度和使用满意感。

（三）人性化

美国高校具有十分合理而又人性化的制度安排，比如学校承认所有员工都有在工作期间生病的权利，所以，所有员工一律享受每年不超过 22 天的带薪病假时间。如果员工身体素质好或者善于保护自己而少生病或不生病，其病假时间可以累积，以备将来需要时累计使用且没有最高限额。此外，美国高校提供的很多保险项目都可以以较低的保险费率或者较少的保费为员工的配偶、孩子甚至是员工所赡养和抚养的其他亲人投保。这都是其人性化的重要体现。

三、对我国高校福利体系建设的启示

（一）自助餐式福利套餐，体现对个人的关怀

美国高校普遍采用福利自助计划。自助计划被列入《国内税收法典（美国）》中，它是一种承保计划，参加的员工可以从雇主提供的一份选择明细表中挑选他们的福利，一般是限定用途的现金、休假以及那些免税福利。但是奖学金、学费补助、货车联营以及多数的延期补偿安排不包含在自助计划中。大多数的自助计划将选择权和一组基本的、最低的、对所有参加者都是一样的共同福利结合在一起。这一组共同福利被认为是计划的核心部分，经常被设计以达到最基本的财务保障需要。最低数额的团体人寿保险和健康保险也可以作为核心部分来提供。福利自助计划为员工提供了多种选择，丰富性和自助功能恰如自助餐，全方位、多角度、人性化地满足了员工的不同需求。

反观我国高校，在传统的员工福利制度中，员工通常没有自由选择福利的权利。在这种情况下，高校支付的员工福利实际成本可能很高，但是提供的福利对一些员工没有实质价值，使得员工在现有福利水平上体验值和期望值较低。如果我国高校能够借鉴美国高校的福利模式，提供具有广泛福利的"菜单"供员工选择，并令员工拥有自己的"福利套餐"组合，则可以满足不同员工的个性化需求，进而提高员工满意度和成就感，从而提高员工福利水平。

（二）引入商业保险，作为对社保体系的有力支撑

事业单位改革以来，作为公益二类事业单位的高等学校正在经历全员纳入社保的变革。现阶段我国高校提供的福利主要包括法定福利和补充福利，其中法定福利包括传统的社会保险制度即"五险一金"（养老保险、医疗保险、失业保险、工伤保险、生育保险以

及住房公积金)和法定节假日等,附加福利主要是事业单位年金、住房补贴、工会福利(包括单位集中购买的人寿保险和实物福利)等。

目前,员工福利制度仍然处于我国高等教育管理中的薄弱环节。资深网络保险咨询公司"深圳蔚蓝海岸投资发展有限公司"(以下简称深蓝保)2019年对社保缴纳与保障问题的调查显示:社保是国家给予员工的福利,也是最基础的保障,但是仅靠社保并不能很好地解决员工的养老、医疗、重大疾病保障等问题,应当纳入商业保险来补充。美国高校在这方面有丰富的经验,以 UC 系统为例,仅健康保障类,UC 就在基本保障计划外,与多家保险公司合作,向员工提供了补充类工伤保险(Voluntary Short-term Disability、Voluntary Long-term Disability)、补充类人寿保险计划(Living Benefit Option)、补充类交通意外险(AD & D)等,此外 UC 还向员工提供养老金补充计划,以提供一揽子理财产品和服务的方式帮助员工积攒养老金。积极引入多种商业保险,不仅加强了对员工的保障,还有可能降低了高校的保障成本,增强了高校对员工的吸引力,在当前高校人才争夺战的大背景下,积极引入商业保险,做大做强做全福利保障,不失为一个引才、留才的突破点。

(三) 与时俱进,逐步完善高校福利保障制度

美国教师收入居所有白领阶层的中游,其日益完善的福利对人们具有巨大诱惑。美国的各州、各学区以及公立与私立学校间的人才争夺异常激烈,为吸引和留住人才,学区会采用各种对策吸收新生力量、保留人才,首要条件就是提供优厚的福利。各校一般都设有特别福利项目,福利收入有时可达该教师原工资的一倍。美国的福利制度也非一蹴而就,而是在 200 余年的经济、社会、文化发展中逐步积累完善起来的。它经历了从机制型向补偿性的历史演化。所谓机制型福利模式,又称为"制度性再分配模式",它是指按照需要的原则,提供普及性的服务,就是狭义的社会保障,也即上文所述的"法定常规福利"。而补偿模式集中地解决机制之外遗留的问题,社会福利将目标有选择地集中在特定群体、特定需求上。针

对教师这样一个群体，美国运用福利这个杠杆来加强对教育的支持。20 世纪 90 年代以来，福利政策由原来的普遍型向选择型改变，由机制型福利制度为主逐渐转变为补偿型为主。目前，我国高校的福利分配模式普遍属于机制型福利模式，随着高等教育全球竞争化的态势越演越烈，我国高校势必要不断完善福利保障体系，美国高校福利分配模式对我国具有一定的借鉴意义。

◎ **参考文献**

[1]https：//ucnet. universityofcalifornia. edu/forms/pdf/complete-health-benefits-guide-for-employees. pdf.

[2]张杨 . 美国弹性员工福利计划对我国员工福利计划的启示与借鉴[J]. 时代金融，2018(23)：279-283.

[3]龚钰淋 . 美国公立高校教师社会保障制度研究：以公务雇员法律身份为核心[J]. 河北法学，2013，31(11)：51-54.

[4]崔岐恩，张晓霞 . 美国教师福利制探析[J]. 国家教育行政学院学报，2006(3)：88-91.

[5]顾全 . 美国公立研究型大学教师薪酬机制研究[D]. 上海：华东师范大学，2017.

[6]陈瑜 . 美国大学教师薪酬及福利政策：以加州大学伯克利分校为例[J]. 白城师范学院学报，2015，29(3)：93-96.

[7]张凤娟，邵连杰 . 高收入下的高风险职业：美国公立大学校长薪资福利状况及启示[J]. 高校教育管理，2017，11(1)：7-13.

[8]深蓝保 . 社保每个月都交，你知道养老金能领多少吗？[EB/OL]. https：//www. qingting. fm/channels/323039/programs/13254460/.

高校附属医院全科师资队伍建设的 SWOT 分析与思考

——以武汉大学人民医院为例

雷宏博(武汉大学人民医院)

1957 年美国立法并大幅提高了社区医疗的设备和管理水平，促使大量的三级医院医生走进社区医疗，为社区提供高水平的医疗质量，同时减轻了三级医疗系统的负担，更方便了患者，使全科医师真正成为大众健康的守门人。而在我国，患者对全科医生的诊疗水平不信任，大多数患者选择三级医院进行首诊，经常出现典型小病看著名专家门诊、可控慢性病长期住院的现象，这就造成了我国本就不充裕的医疗资源的浪费。① 培养全科医生，建立全科医生制度，提高基层医疗卫生机构医务人员的业务水平，建立健全基本医疗卫生保健体系是我国医改工作的重要举措。② 全科师资作为全科医学人才培养中的重要因素之一，其综合素质高低直接影响着全科医生的培养质量。高等医学院校全科医学教育作为全科医学体系中的重要环节，承担医学生全科医学知识的早期教育，2017 年首都医科大学对 60 所院校开展了一项调查，结果显示有 41 所(68.3%)院校建立了全科医学教学机构，有 58 所(96.7%)开展了全科医学

---

① 冀涛. 中美全科医师培养方式的对比分析[J]. 全科医学教育研究，2012，15(11)：3642-3644.

② 罗斯，李君，袁友红，等. 湖南省全科医生转岗培训师资队伍建设调查研究[J]. 中国高等医学教育，2013(1)：35-36.

相关课程，有 31 所院校设立了全科医学研究生培养点。① 武汉大学从 2010 年开始在社区探索全科医学教育工作，积累了一定的经验。本文以武汉大学人民医院为例，运用 SWOT 分析法（态势分析方法）对其全科师资队伍建设的情况进行综合分析，从而进一步思考我国高校附属医院全科师资队伍建设的方向与策略。

一、武汉大学人民医院全科医学师资队伍建设 SWOT 分析

（一）优势

1. 教育与研究资源丰富。全科医学关注人的健康，不仅需要扎实的临床基本功，也需要良好的医学人文素养。武汉大学是教育部直属的重点综合性大学，是"985 工程"和"211 工程"重点建设高校，是首批"双一流"建设高校，学科门类齐全、综合性强、特色明显，溯源于 1893 年的武汉大学具有深厚的人文底蕴。武汉大学人民医院（湖北省人民医院）是国家首批三级甲等医院，是集医疗、教学、科研、预防保健、健康服务等为一体的现代化综合性医院，设置涵盖现代临床医学的各临床医技科室 107 个，学科门类齐全，入选首批国家临床教学示范中心。作为武汉大学的附属医院，享有武汉大学优质的教学资源与科研平台，有利于开展全科师资队伍的师德师风教育、教学能力培训、科研能力培养和人文素养培育等。

2. 组织架构与实践条件良好。武汉大学人民医院全科医学科设有 2 个病区，分别位于首义院区和光谷院区，配备开放床位 50 张，设有全科医学科普通门诊和教学门诊。同时，武汉大学人民医院是湖北省住院医师规范化培训全科专业结业考核基地，2016 年通过国家住院医师规范化培训督查评估，2018 年获评为全国"优秀

---

① 马峥，黄亚芳，赵亚利，等. 我国部分高等医学院校全科医学教育现况分析[J]. 继续医学教育，2017，31（3）：61-63.

全科专业住院医师规范化培训基地"①。武汉大学人民医院构建了完整的"理论—临床—社区实践"三位一体的全科医师培养体系，有武汉市青菱街社区卫生服务中心、武汉大学社区卫生服务中心、佛祖岭社区卫生服务中心等 3 家全科基层实践基地。从 2010 年开始，依托武汉大学与芝加哥大学医学教育改革合作平台，在临床医学专业开设《社区医学》必修课，安排学生在社区实践基地实习 4 周，学习包括全科医学基本概念、特点与主要任务，居民常见疾病症状及诊疗策略，健康咨询，家庭健康档案管理等内容。

3. 全科教学研究的基础条件较好。武汉大学人民医院成立了全科医学教学研究室，建立了完整的师资遴选、培训、聘任、考核、激励和退出制度，并基于全科师资发展的需求，建立了涵盖教学方法、考核评估、教学管理和研究的师资培训课程体系。目前共17 人参加了省级以上全科师资培训并获得结业证书，培养了一支综合素质较高的全科师资队伍：现有全科医学硕士导师 4 人，有教育部人文素养与全科医学教学指导委员会委员 1 人，中国医师协会全科医师分会委员 1 人，中华医学会全科医学分会委员 1 人，中华全科医学教育学院委员 1 人。董卫国教授主编出版了《社区医学》(2011 年)和《全科医学基本技能学》(2016 年)，2018 年作为副主编参与编写了国家"十三五"规划教材《全科医学》，均由人民卫生出版社出版发行。为全科师资队伍建设奠定了深厚的教学和研究基础。

(二)劣势

1. 师资队伍的全科思维稍有欠缺。武汉大学人民医院多数全科师资均是由临床其他学科师资通过全科转岗培训而来，虽然通过考核后取得了全科师资培训合格证书，但短时间内对全科医学理论知识的理解还不够深入，在带教过程中对全科医学思维的灵活运用还不够自如，对全科带教的要点掌握还不够专业。且由于在基层参

---

① 姚朝辉，卢章洪，朱刚艳. 全科医学规范化培训临床教学带教的体会和思考[J]. 学园，2018(36)：120-121.

与全科实践的时间不长，自身的全科实践经验也还不够。

2. 对全科常见疾病的特点掌握还不够。临床师资的工作重心在自身的学科上，对自身专业的常见病多发病的疾病特点能够熟练掌握，已经形成固化的诊疗思维与模式。并且他们本身就承担着大量的临床工作，在时间和精力上都有限，很难保障在社区基地的实践与交流，因此对社区常见病多发病的特点、流行病学规律、家庭照护、健康咨询等方面的理解还不够深入。

3. 与基层师资的双向交流不够。虽然早在 2010 年就建立了社区实践基地，但主要用于本科生、研究生和规培学员的实践培训，在社区开展的师资培训较少，因此临床师资的全科实践能力与经验有所欠缺。同时，该院作为全国优秀的规培基地，具备很好的培训条件，但来此进行临床实践能力培训的社区医生数量也不多。因此临床全科师资与基层社区师资的互动还不够，缺乏有效的双向交流机制，不利于相互之间的取长补短和共同成长。

(三) 机遇

1. 国家政策的正向激励。2011 年，国家出台的《国务院关于建立全科医生指导制度的指导意见》(国发〔2011〕23 号) 指出，我国将逐步建立统一规范的全科医生培养制度，到 2020 年要在我国初步建立充满生机和活力的全科医生制度。[①] 2017 年以来，又相继颁布了《国务院办公厅关于深化医教协同进一步推进医学教育改革与发展的意见》(国办发〔2017〕63 号)、《关于改革完善全科医生培养与使用激励机制的意见》(国办发〔2018〕3 号)、《住院医师规范化培训基地(综合医院) 全科医学科设置指导标准(试行)》(国卫办科教发〔2018〕21 号) 和《全科医生转岗培训大纲(2019 年修订版)》(国卫办科教发〔2019〕13 号) 等一系列文件，为全科医学的学科发展、人才培养模式、师资队伍建设等方面指明了发展方向和路径。

2. 医联体建设。当前，我国医联体建设正处于全面推行阶段，

---

① 国务院. 关于建立全科医生制度的指导意见〔Z〕. 〔2011-07-01〕. http：//www.gov.cn/zwgk/2011-07/07/content_1901099.html.

已形成了城市医疗集团、县域医共体、跨区域专科联盟以及远程医疗协作网等4种医联体模式。尤其是城市医疗集团和县域医共体在基层医疗机构服务能力提升中发挥了重要的作用。2017年国务院办公厅颁布的《关于推进医疗联合体建设和发展的指导意见》(国办发〔2017〕32号)指出，三级医院逐步减少常见病、多发病、病情稳定的慢性病患者比例，基层医疗卫生机构和专业康复机构、护理院等为诊断明确、病情稳定的慢性病患者、康复期患者、老年病患者、晚期肿瘤患者等提供治疗、康复、护理服务，同时要加强全科医生培养。① 这为全科医学教育的开展提供了良好的发展空间。

3. "互联网+医疗健康"建设。2018年9月，国家卫生健康委员会出台的《互联网诊疗管理办法(试行)》《互联网医院管理办法(试行)》以及《远程医疗服务管理规范(试行)》等文件，进一步为我国"互联网+医疗"的发展指明了方向和策略。今后将逐步实现在线开展部分常见病的诊治，慢性病的复诊和随访管理以及远程指导等医疗健康服务。尤其对作为社区重点医疗服务对象的老年人，互联网医疗在提供便捷健康咨询、护理服务以及医疗保障体系建设等方面将发挥重要作用。② 互联网在医疗健康领域的不断深入应用为全科医学的发展带来了新理念和新方式，也更有利于我们学习借鉴国内外先进的全科医学教育经验与成果。

(四)挑战

1. 对全科医学的认知存在偏差。尽管目前常见病和多发病已经逐步下沉到基层首诊，但在经济相对发达、医疗资源丰富的城市群，社会上很多人还是对基层医疗机构和全科医生的诊治水平存在一定的误解，还是会首先选择到大医院就诊。在行业内，其他专科

---

① 国务院办公厅. 关于推进医疗联合体建设和发展的指导意见[Z]. [2017-04-26]. http://www.gov.cn/zhengce/content/2017-04/26/content_5189071. html.

② 赵红梅，金英子，常金良，等. 基于"互联网+医疗保障"的老年医疗保障问题的思考[J]. 中国医学伦理学，2019，32(7)：908-912.

医生对全科医学的专业设置与地位的了解程度不够深，对全科医生的职能认知也存在着误区。这反映出全科医学在社会大环境中只得到了政府的认可和支持，而在社会其他各界甚至医学界的认知里并没有得到应有的重视，这种认知的落后无疑阻碍了全科医学的快速发展。①

2. 对全科师资水平的要求越来越高。2017 年 7 月，国务院办公厅颁布的《关于深化医教协同进一步推进医学教育改革与发展的意见》指出，到 2030 年，医学教育改革与发展的政策环境更加完善，具有中国特色的标准化、规范化医学人才培养体系更加健全，医学人才队伍基本满足健康中国建设需要。② 2018 年 9 月，习近平总书记在全国教育大会上强调，要坚持把立德树人作为根本任务，着力培养德智体美劳全面发展的接班人。这进一步对我国本科教育和人才培养质量提出了更高的要求，对教师队伍建设的要求也越来越高。全科师资承担着为国家培养更多优秀全科医学人才的重任，关系到全科医学人才培养质量的高低，因此，全科师资需要较高的综合素质与教学水平。

3. 全科医学资源的竞争越来越强。2018 年 1 月，国务院办公厅印发了《关于改革完善全科医生培养与使用激励机制的意见》，要求加快培养大批合格的全科医生，实现到 2030 年城乡每万名居民要拥有 5 名合格全科医生的目标。③ 2018 年 9 月，国家卫生健康委员会办公厅颁布了《住院医师规范化培训基地（综合医院）全科医学科设置指导标准（试行）》，文件要求认定为住院医师规范化培训基地的综合医院最迟在 2019 年 12 月底前均应独立设置全

---

① 王良君．高等医学院校全科医学学科建设的 SWOT 分析：以锦州医科大学为例［J］．卫生职业教育，2018，33（22）：1-3.

② 国务院办公厅．关于深化医教协同进一步推进医学教育改革与发展的意见［Z］．［2017-07-11］．http：//www.gov.cn/zhengce/content/2017-07/11/content_5209661.html.

③ 国务院办公厅．关于改革完善全科医生培养与使用激励机制的意见［Z］．［2018-01-24］．http：//www.gov.cn/zhengce/content/2018-01/24/content_5260073.html.

科医学科。① 据统计，截至 2019 年 4 月，我国已建成 558 个全科医生基地和 1660 个基层实践基地，形成了较为系统的全科规范化培训体系。② 可以预见，随着各大综合医院全科医学科的陆续建立，高校之间、医院之间关于全科医学资源的竞争将越来越强。

二、高校附属医院全科医学师资队伍建设的思考

(一)找准定位，明确发展方向

目前，各个国家对全科师资的标准体系均不统一，如澳大利亚主要从"条件(素质)—工作过程—工作效果—发展"的模式结构建立师资标准体系。③ 英国主要从支持全科医学教育过程顺利发展应具备的条件，保证安全有效的病患照顾，为学员提供安全的临床环境，良好的教学，促进学员学习、评估和提供反馈，学员及教师的个人发展等方面界定全科师资标准。④ 在我国，虽然 2012 年制定的《全科医学师资培训实施意见(试行)》对临床师资和基层师资提出了一定的基本要求，但目前仍并未建立系统的、完善的全科师资标准体系。我国的全科医学起步较晚，目前尚处于探索及发展阶段，建立一个统一的全科师资标准体系尚有一定困难，因此，结合现状与国情，应将高校附属医院和基层全科师资的发展定位暂时有所区别。在高校附属医院，一般所在高校都设置有医学院和相关教研室，大多数高校附属医院也是当地的住院医师规范化培训基地，

① 国家卫生健康委员会办公厅 . 住院医师规范化培训基地(综合医院)全科医学科设置指导标准(试行)[Z]. 国家卫生健康委员会网 . 2018-08-27.

② 新华网 . 我国已有约 30 万全科医生[EB/OL]. [2019-04-19]. http：//www. xinhuanet. com/politics/2019-04/19/c_1124390506. html.

③ The Royal Australian College of General Practitioners. Standards for general practice education and training trainers and training posts[Z]. 2005.

④ Committee of GP Education Directors. Royal College of General Practitioners. Guidance for deaners/letbs on the standars for GP specialty training[Z]. 2014.

按照国家的要求，目前各个医院也在陆续成立全科医学科，具备了全科医学毕业前教育、毕业后教育和继续教育的基本条件。相比于基层医疗机构，高校附属医院除了承担基本的医疗保障任务，还承担着教学和科研两项基本职责。因此，作为高校附属医院的全科带教师资，在保证较为扎实的全科实践能力基础上，应把工作重心更多地放在全科科学研究和全科教学水平的提升上。同时，高等医学院校尤其是综合性大学，具备诸多优质的学科资源、教学资源、科研平台和国际视野，有利于全科师资的综合发展。因此，高校附属医院应着力培养全科基本功扎实、科研能力较强、教学能力较强的全科师资队伍。培养出来的全科师资，应在我国全科医学理论研究与科学发展上作出一定的贡献。

（二）深化医教协同，探索高校附属医院师资培养体系

近年来，各个高校在师资培养方面进行了大量的探索，如四川大学华西医院以"胜任力为导向、学员为中心"为策略，涵盖带教能力、构建全科临床思维、全科医学专业知识、医学基本知识4个领域，取得了一定成效。① 浙江大学邵逸夫医院利用先进的网络平台，对全科医学培训老师进行多维度考评，保证了教学质量的及时评估与改进。② 2017年7月国务院办公厅发布的《关于深化医教协同进一步推进医学教育改革与发展的意见》指出，要遵循医学教育规律和医学人才成长规律，立足基本国情，借鉴国际经验，创新体制机制，以服务需求、提高质量为核心，建立健全适应行业特点的医学人才培养制度，完善医学人才使用激励机制，为建设健康中国提供坚实的人才保障。③

---

① 王星月，李兰，李双庆，等.以"胜任力为导向、学员为中心"构建全科医学临床师资培训新模式[J].医学教育管理，2015，1（2）：118-122.

② 方力争.综合性医院全科医学科建设与全科医师培训探讨[J].中国卫生人才，2016（8）：58-59.

③ 国务院办公厅.关于深化医教协同进一步推进医学教育改革与发展的意见[Z].[2017-07-11].http：//www.gov.cn/zhengce/content/2017-07/11/content_5209661.html.

在医教协同的大背景下，应充分结合高校附属医院的特点，充分发挥全科教研室的功能，在高校附属医院探索以全科医学教研室和全科医学科的全科专业师资为核心、以各个临床专科师资为圆环的"一心一环"的全科师资队伍培养体系，全科专业师资侧重于对学生全科理论教学、基本能力、科研指导以及考核评估等方面，临床专科师资侧重于对学生疾病诊疗能力的提升。在师资培训内容上，全科专业师资应着重培训其教学能力和科研能力，临床专科师资应着重对其开展全科思维和基本理论培训，使其在临床实践中能开展较高质量的全科实践带教，同时，二者均应加强医患沟通等医学人文素养培训。在培训方式上，除了传统的培训班理论授课和安排到社区实践学习，可将 PBL 教学法、案例教学法和小组讨论式教学法等引入到培训中，尤其是对临床专科师资的培训，有利于其更深刻地领会全科诊疗思维在临床中的应用。此外，要探索建立适用于高校附属医院全科师资的评估体系，在评估方式上，可采用过程性评价与终结性评价相结合的方式，除了培训结束后的结业考核，将 DOPS、mini-CEX 等形成性评价方式引入培训，使教师在培训过程中及时发现问题，并不断提升教学能力。在评估内容上，不仅关注教师的教学方法、教学内容、带教能力和自身全科知识扎实程度，还要关注教师的师德、师风这一根本的要求。

（三）有效整合资源，构建以区域为中心的全科师资培训中心

随着国家对全科医学发展的重视和全科医学科的全面设立，大量的医疗机构开始投入全科医学建设，势必造成短时间内全科医学资源的相对紧缺和激烈竞争。目前国内全科医学发展不均衡，仅有部分地区具有全科师资培训机构，培训机构数量也不足，培训内容、学时、资料及计划等各个机构也未得到统一。[①] 在全科医学师资培养方面，应以综合性教学医院为主，开展优质培训课程，设立

---

① 刘彦玲，谢苗荣，陈建军. 国内外全科医学师资建设研究 [J]. 中国全科医学，2017，20(4)：388-393，398.

统一考核标准，为地级市及边远地区培养合格全科医生。① 因此，结合当前的发展背景与趋势，在"全面开花"保证数量和积累建设经验的同时，可考虑在部分已经建立了社区实践基地的高校附属医院或省一级医疗机构优先构建一批国家级的全科师资培训中心，让一部分医疗机构的全科医学发展先"富"起来，经过几年的建设与发展后，再带动周边的地区后"富"起来，从而避免医疗资源、经济资源和社会资源的浪费。

(四) 推进高校附属医院全科师资和基层全科师资的协调发展

我们必须清醒地认识到，国家要实现到 2030 年每万名城乡居民要拥有 5 名合格全科医生的目标，这里指的全科医生是真正下沉到基层社区或乡村的医生。在国外，全科医学教育培训较为成熟的国家中，培训的师资主要是经验丰富的全科/家庭医生，而中国的全科医学师资主要是大学理论老师和医院专科专家，师资队伍学究化和专科化倾向严重。② 从全科医学的专业角度来看，社区带教师资，才是置身在全科医生的工作场所、传授全科医学专业技能和临床诊疗思维的教师。③ 目前我国基层医疗机构的整体医疗水平还不发达，水平参差不齐，分级诊疗制度尚未完全完善，大部分全科师资仍由转岗培训而来，包括高校或综合医院为主的理论师资和临床师资，以及以基层为主的社区师资。综合性医院的全科师资缺乏全科的实践经验，而基层的全科师资缺乏系统的理论知识培训。在目前的国情和全科医学发展背景下，以高校附属医院全科师资为主的培训模式在相当一段时期内还将相对比较固定，因此我们要推进综合性医院全科师资和基层全科师资的协调发展，各自"取长补短"，

---

① 贾雪梅，朱俊勇，雷宏博，等. 我国全科医学培养现状与思考[J]. 中国高等医学教育，2018(5): 6-7, 13.

② 杨辉，THOMAS S，Browning C，等. 全科医学教育的师资标准研究：学徒式培训的启发[J]. 中国全科医学 2007, 10(13): 1046-1051.

③ 路孝琴，刘艳丽，孙晨，等. 我国全科医学师资培训中存在的问题及队伍建设对策研究[J]. 继续医学教育，2016, 30(3): 1-2.

尽快让基层全科师资的理论水平和教学能力提升起来，为今后我国建设全面的、优质的全科师资队伍奠定良好的基础。

我国的全科医学发展尚处于"摸着石头过河"的探索阶段，建设优质的全科师资队伍需要一定时间和实践的积累，随着国家的重视和"健康中国"战略的不断推进，我们应当相信我国的全科医学的发展必将会越来越好，适合中国国情的全科医学健康服务体系必将会越来越完善。

◎ 参考文献

[1]冀涛．中美全科医师培养方式的对比分析[J]．全科医学教育研究，2012，15(11)：3642-3644.

[2]罗斯，李君，袁友红，等．湖南省全科医生转岗培训师资队伍建设调查研究[J]．中国高等医学教育，2013(1)：35-36.

[3]马峥，黄亚芳，赵亚利，等．我国部分高等医学院校全科医学教育现况分析[J]．继续医学教育，2017，31(3)：61-63.

[4]姚朝辉，卢章洪，朱刚艳．全科医学规范化培训临床教学带教的体会和思考[J]．学园，2018(36)：120-121.

[5]国务院．关于建立全科医生制度的指导意见[Z]．[2011-07-01].http://www.gov.cn/zwgk/2011-07/07/content_1901099.html.

[6]国务院办公厅．关于推进医疗联合体建设和发展的指导意见[Z]．[2017-04-26].http://www.gov.cn/zhengce/content/2017-04/26/content_5189071.html.

[7]赵红梅，金英子，常金良，等．基于"互联网+医疗保障"的老年医疗保障问题的思考[J]．中国医学伦理学，2019，32(7)：908-912.

[8]王良君．高等医学院校全科医学学科建设的 SWOT 分析：以锦州医科大学为例[J]．卫生职业教育，2018，33(22)：1-3.

[9]国务院办公厅．关于深化医教协同进一步推进医学教育改革与发展的意见[Z]．[2017-07-11]．http://www.gov.cn/zhengce/content/2017-07/11/content_5209661.html.

[10]国务院办公厅．关于改革完善全科医生培养与使用激励机制

的意见[Z].[2018-01-24].http://www.gov.cn/zhengce/content/2018-01/24/content_5260073.html.

[11]国家卫生健康委员会办公厅.住院医师规范化培训基地(综合医院)全科医学科设置指导标准(试行)[Z].国家卫生健康委员会网.2018-08-27.

[12]新华网.我国已有约30万全科医生[EB/OL].[2019-04-19].http://www.xinhuanet.com/politics/2019-04/19/c_1124390506.html.

[13] The Royal Australian College of General Practitioners. Standards for general practice education and training trainers and training posts[Z]. 2005.

[14] Committee of GP Education Directors. Royal College of General Practitioners. Guidance for deaners/letbs on the standars for GP specialty training[Z]. 2014.

[15]王星月,李兰,李双庆,等.以"胜任力为导向、学员为中心"构建全科医学临床师资培训新模式[J].医学教育管理,2015,1(2):118-122.

[16]方力争.综合性医院全科医学科建设与全科医师培训探讨[J].中国卫生人才,2016(8):58-59.

[17]刘彦玲,谢苗荣,陈建军.国内外全科医学师资建设研究[J].中国全科医学,2017,20(4):388-393,398.

[18]贾雪梅,朱俊勇,雷宏博,等.我国全科医学培养现状与思考[J].中国高等医学教育,2018(5):6-7,13.

[19]杨辉,THOMAS S,BROWNING C,等.全科医学教育的师资标准研究:学徒式培训的启发[J].中国全科医学2007,10(13):1046-1051.

[20]路孝琴,刘艳丽,孙晨,等.我国全科医学师资培训中存在的问题及队伍建设对策研究[J].继续医学教育,2016,30(3):1-2.

学生教育与管理服务类

大学生就业能力与大学的职业文化

肖劲草

（武汉大学新闻与传播学院、
武汉大学媒体发展研究中心）

一、当前大学生面临的就业形势

2018 年 11 月，教育部下发了《教育部关于做好 2019 届全国普通高等学校毕业生就业创业工作的通知》，通知指出："为深入贯彻习近平新时代中国特色社会主义思想和党的十九大精神，全面贯彻落实全国教育大会精神，把'稳就业'放在更加突出的位置，努力实现高校毕业生更高质量和更充分就业。"在 2019 年的政府工作报告中首次将就业优先政策置于宏观政策层面，加之受新冠肺炎疫情的影响，国内大学生就业形势与往年相比并不乐观。

从供给上来看，我国高校已经过了高速度扩张期，2019 年大学毕业生总人数约 834 万①，就业市场中大学生早已进入比拼内涵和质量的阶段。除了境内供给增加外，我们的毕业生更面临"海归"或海外求职者的竞争。这一点在博士生求职中尤为明显。越来越多的国内高校倾向于招聘海归博士。面对这种竞争，本土博士不得不进入博士后流动站继续提升，或改行从事非研究类型的工作。另外，用人单位冗长的招聘流程，不断增加的笔试、面试轮数也反映出他们对毕业生的素质提出了更高的要求。这也折射出部分高校

---

① https：//news.163.com/19/0725/11/EKU7174F00018AOR.html.

185

毕业生不易直接满足用人单位的需求，用人单位必须花大量资源进行甄别和筛选。

为了缓解大学生的就业压力，提高他们在求职过程中的竞争力，我们必须提高大学生的就业能力，在教学和育人的过程中进行相应的调整。

二、大学毕业生缺乏相应的就业能力

就业能力(employability)的概念起源于20世纪初的英国。在一个多世纪的发展中经历了5个阶段，形成了7个版本的概念模式。① 就笔者的理解，就业能力是指个人在寻找工作，维持工作和转换工作(包括升职)中所需要的能力。在不同的社会环境和历史条件下，人们对个体的就业能力有着不同的认识。就业能力是一个历史性概念。

根据增湘泉教授的看法，就业能力可以分为认知技能和非认知技能。② 认知技能主要包括各种理论知识、专业知识、外语能力、计算机能力、非专业性知识等。这类技能主要和人的理智相关，通常可以通过正规的学校教育，通过传授的方式习得。非认知性技能可以分为两类。一类是基本能力，包括交际能力、理解能力、表达能力、团队合作能力、协调能力、领导能力、适应性等。这类能力不仅受理智的影响，其在更大程度上同人的情商、判断力相关。同认知性技能不同，这类能力需要在实践中学习，需要通过"干中学"的方式获得。另一类非认知性就业能力是人的个性特征，包括个人的职业态度、职业理想、责任感、成就动机、情绪的稳定性、个人对风险的偏好、自信程度、个人的心理特质等。这些特质同个

① 对就业能力概念的梳理和分析可参见《就业能力概念的发展演变》(杨伟国、谢幻)，该文收入于《中国就业战略报告2008—2010："双转型"背景下的就业能力提升战略研究》[C]. 北京：中国人民大学出版社，2010。

② 增湘泉. "双转型"背景下的就业能力提升研究[C]//中国就业战略报告2008—2010："双转型"背景下的就业能力提升战略研究. 北京：中国人民大学出版社，2010.

体的人生观、价值观和世界观密切相关。其建立在针对世界，针对自我的基本信念上。而这些信念又源于个体独特的生活经验，源于个体对外在世界和自我的反思。个性特征的特点是形成时间长，形成之后会较为稳定。这类特质难以靠传授获得，它们受环境和文化的影响巨大。良好的教育能引导个体对现有的价值和规范进行批判与反思，帮助个体进行自我塑造，提升就业能力。

　　同样根据增湘泉教授的看法，非认知性能力可以被称为软能力。① 随着第三产业在经济比重中不断提升，软能力对于就业来说越来越重要。第一，随着经济的发展，社会分工、社会合作越来越深入，大量工作需要以团队合作的方式完成。交流技能、协作技能等软技能在这些团队合作中将发挥重要的作用。第二，服务业的发展意味着人际交往的增加，同人打交道的岗位增加，这要求我们能在更深的层面上了解他人、理解他人，进行更有效更深入的交流。第三，快节奏、高竞争生活中的不确定性，凸显了良好的心理素质、心理调节能力等软能力的作用。第四，现代社会知识更新快，劳动力的流动性高，使人们越来越少地终生从事某一行业，终生学习已经成为不可逆转的趋势。而软能力则是终生学习的必要条件，是人们获取硬技能，更新硬技能的前提。

　　在本次赴美学习访问中，笔者对 6 位同行的中国高校的管理人员和 3 位美国高校管理人员进行了访谈，了解他们所看重的职业能力。双方都强调了非认知能力在工作中的重要性，最受重视的能力分别为：沟通能力、执行能力、学习能力，重要的品质为公正与踏实。相对而言，美国重视对工作的热爱，强调专业对口，中国注重综合能力和政治素质。

　　软技能不仅重要，同时也是我们高校毕业生缺乏的就业能力。毕业生缺乏软技能也不是我国的独有现象，国外也同样存在此问题，依据是"英国毕业生招聘协会 2006 年在对英国 222 家主要的毕

---

　　① 增湘泉."双转型"背景下的就业能力提升研究[C]//中国就业战略报告 2008—2010："双转型"背景下的就业能力提升战略研究. 北京：中国人民大学出版社，2010.

业生招聘企业的调查中发现，大多数招聘单位对于毕业生的整体素质感到不满，矛头主要对准这些毕业生相对欠缺的软技能。"①此外，除了就业能力存在缺口外，更令人担忧的是高校毕业生，高校和用人单位对就业能力存在着显著的认知差异。牛玲的研究显示②，个性特征是用人单位最看重的就业能力。用人单位重视的责任心、诚实正直、成就动机、敬业精神等品质没有被大学生赋予重要的位置。与在职人员相比，学生对自己的人际技能和沟通能力评价偏高。学生更重视认知性，以及接近认知性就业能力的软技能。另外，牛玲的研究还显示，学生和学校都过高地估计了学生的吃苦耐劳精神。这表明培养单位和学生没有注重软技能，特别是个性特征的培养，对一个合格的职业人应具备的关键素质——职业素质——缺乏认识。

三、大学缺乏职业文化是影响毕业生
就业能力的重要原因

毕业生职业素质的缺乏，一方面，是由于学生缺乏实践经验，缺乏工作经历；另一方面，则是由于大学生缺乏对职业文化的了解，大学文化中缺少必要的职业文化。

在教育的过程中，大学文化对受教育者有着极其重要的作用。首先，大学文化会影响学生的价值观、行为和态度。其次，大学文化以其独特的方式将新成员吸收到团体中来。③ 因此，大学文化会

---

① 熊通城，增湘泉. 软技能的层次划分、形成机理与培养机制[C]//中国就业战略报告 2008—2010："双转型"背景下的就业能力提升战略研究. 北京：中国人民大学出版社，2010：64.

② 牛玲. 大学生就业能力认知差异研究：以石油工程专业为例[C]//中国就业战略报告 2008—2010："双转型"背景下的就业能力提升战略研究. 北京：中国人民大学出版社，2010.

③ 对文化的功能、性质和内容的分析可参见《文化理论的分析与批判及在大学文化中研究中的应用》。田玲. 文化理论的分析与批判及在大学文化中研究中的应用[J]. 清华大学教育研究，2004，25(4).

影响毕业生对职业的认知和态度，影响其对职业规范、职业道德的看法，从而影响学生对就业能力的培养。

但遗憾的是，在当今大学文化的建设中，我们常常忽略了职业文化建设。职业文化只是"自在"地存在于校园中，很少有人自觉地对其加以关注和提炼，高校在相关方面也没有发挥文化引领作用。高校对学生职业文化的培育和学生职业素质的培养，或依靠教师、辅导员和管理人员的言传身教，或依靠学校就业部门提供的服务，或依靠公共课或某些职业规划课程。总的来说教育资源分散，投入不集中，主题不鲜明。另外，对职业文化的研究多源于企业等用人单位，而且多以职业文化的特例——企业文化——作为研究对象，或以职业技术学校校园文化中的职业文化作为研究对象，针对高校的研究非常少。由此可见，为业界所关注的职业文化尚未引起高校和学界的重视。这对培养学生的就业能力，特别是提升软能力非常不利。

我们为何忽视这一点呢？主要原因有三个。第一，人们对职业文化的理解偏颇。人们容易将职业文化同专业化、技术化乃至职场文化混同。但职业文化不是技术文化，职业化不是技术化。在大学中倡导职业文化不是要让高等教育变成职业技术教育，变成专业教育。职业文化不仅包含职业技术方面的内容，还包括职业理想、职业道德、职业态度等方面的内容。这些才是职业文化的重点。良好的职业文化有助于树立正确的职业理想。树立正确职业的理想并不是一蹴而就的事。它建立在学生对自我、对社会生活的深刻认知上，建立在对我应该成为怎样一个人，社会应该怎样发展的深刻反思上。在不恰当的职业文化中，人们仅把职业当成谋生手段，职业只是工具而非目的。但职业的功能远非如此，马斯洛的需求理论告诉我们，人最根本的需求是自我实现的需求。在现代社会中，职业是人们进行自我实现的主要途径。良好的职业文化能将职业同人生理想结合起来，能将职业同服务社会结合起来，能将职业同自我发展和社会发展结合起来。良好的职业理想能帮人形成积极的职业态度，积极的态度无疑会促使个人积极提高自己的就业能力。良好的职业文化有助于培养良好的职业道德。责任是职业道德的关键组成部分，也是高校教育涉及甚少的内容。责任强调的是自己对他人的义务，对陌生人的义务。职业文化好，敬业心强，敬业心强则责任心强，责任心强则会提高社会的道德水平和自身的就业能力。

第二，传统的大学文化和职业文化有着显著的区别与张力。这会冲淡人们对职业文化的意识。首先，大学最重要的是教育功能。教育重视培养和发掘人的潜能，注重学习，着眼于未来，关注过程胜于关注结果。但职业则是一个重视结果的地方，职业文化也是一种突出结果的文化。其次，大学的第二个功能是科研，科研要追求真理、崇尚学术，对社会具有强烈的批判精神，是一种理想性文化。接受这种文化的人会更多地考虑如何引导社会发展，如何改造社会，更多地从"应该"出发。职业文化则更多地考虑如何适应社会，如何利用社会现有的条件和环境来发展自己的职业，更多地从"是"出发，是一种现实性文化。最后，在大学文化中，学生始终是教师和其他工作人员服务的中心，是教育服务的接受者，是各方面关注和关爱的对象，大学文化是一种以学生为中心的文化。在职场中，学生不再是各种服务的接受者，而是服务的提供者。进入职场后，毕业生不再是各方关注的中心。职业文化是以客户和企业为中心的文化。毕业生在进入职场前必须做好准备，调整自己的心态。

第三，当今中国大学专业化管理队伍能力的定位。在高校管理人员的定位和培养方面，国内高校重视干部"一专多能"和处理复杂情况的能力，在培养中注重轮岗，在招聘中注重综合素质，其成本就是在短期内要牺牲管理的专业性和人员的稳定性。加之，高校管理人员的流动性低，激励难度相对较大，且高校信息化建设相对滞后，容易形成沉闷、保守的氛围。这种氛围会对在校生产生消极的影响。国内高校应逐步提供其管理的专业化水平，提升信息化水平，建立良好的高校管理人员职业文化，提升服务育人的质量。

四、建设高校职业文化，提高学生就业能力

为了培养毕业生的职业精神，提高毕业生的就业能力，特别是相关的软能力，笔者认为以下建议可供参考。

第一，高校需要向大学文化注入优秀的职业文化，高校需要对大学生进行相关的职业培训，而不仅仅是就业培训。学校需要同学生共同探讨职业对于人生的意义，探讨职业理念和职业精神对社会发展的重要作用，并对各种不同的职业文化进行批判性的反思，帮助学生进行职业规划，树立恰当的职业理想，培养学生的职业精神和责任感。此外，学校还应介绍职业文化和大学文化的不同，帮助学生做好认知和心理的转变，将我们的毕业生塑造成具有良好职业精神的职业人。

第二，学校要注重在教职工中培育良好的职业文化①，以良好的文化熏陶和感染学生，让学生从教学、管理和服务中感受到强烈的责任与担当，注意培养自己的相关品格。就业能力中的职业理想、职业态度、职业道德等因素涉及学生的价值观和道德观，而这些观念将最终凝结在学生的品质和处事态度中。与言传相比，身教对于品质的形成更为重要。处于优良文化中的人，更容易形成与之匹配的个性特征。如果教职工爱岗敬业，责任心强，学生自然会秉承这种优良的风气。

第三，学校需要积极为学生参加实践活动创造条件，为学生了解职业文化，培育职业精神创造条件。实践和实习一方面能使学生运用知识，提高各种应用性能力；另一方面，能让学生在各种实践中了解自己对他人、对社会产生的影响。如果一个人不了解自己行

---

① 20世纪80年代以后，业界和学界掀起了企业文化研究浪潮，各类企业的掌门人都非常关注自身企业文化的建设。企业文化是职业文化的一个分支，两者同属于组织文化。优秀的企业文化能够团结员工，形成良好的工作氛围，树立企业的品牌形象，提高企业运作的效率。高校作为大型的教学科研组织同样也应该有意识地培育自己的组织文化，提高自己的效率，提升自己的品牌形象。

为的后果，不了解自己对他人的影响和重要性，其责任感和敬业精神等个性特征是难以获得的。学校可以开展活动，引导学生进行相互评价，鼓励学生在实习实践活动中承担责任，让同学走向职业，走进职场，从而帮助同学培养良好的职业素质。

第四，要将非认知性技能的培养融入认知技能的培养。在教学中，教师除了传授知识外，还要注重培养学生的能力。就业能力中的各种软能力，如沟通能力、理解能力、分析能力等都可以在日常的教学中得到提升。在教学中要同时重视知识的传授和能力的培养。

第五，加强在校生同优秀职业人的联系。美国加州大学伯克利分校(UC Berkerly)的职业指导中心(Carrer Center)将其工作归纳为3C(Clarification, Consulting and Connection)，即帮助在校生澄清自己的职业规划、职业能力的优势与劣势，提供职业发展咨询和帮助学生同单位建立链接，努力为他们创造优质的就业和实习机会，鼓励学生向优秀的职业人和单位学习，了解用人单位的文化，帮助学生建立起良好的职业态度，培养良好的职业习惯。另外，美国高校特别重视同校友的联系，鼓励学生同校友接触，接近优秀的职业文化。上述做法和理念具有一定借鉴意义。

◎ 参考文献

[1]莫荣. 中国就业发展报告(2019)[M]. 北京：社会科学文献出版社，2019.

[2]增湘泉. 中国就业战略报告2008—2010："双转型"背景下的就业能力提升战略研究[C]. 北京：中国人民大学出版社，2010.

[3]亚里士多德. 尼各马可伦理学[M]. 廖申白，译. 北京：商务印书馆，2009.

[4]田玲. 文化理论的分析与批判及在大学文化中研究中的应用[J]. 清华大学教育研究，2004，25(4).

[5]严峰. 中国大学文化研究[D]. 上海：复旦大学，2005.

[6]李继兵. 大学文化与学生发展关系研究[D]. 武汉：华中科技大学，2006.

基于美国高校积极心理健康教育
模式的启示
——以 UCLA 大学为例

张　辉

（武汉大学哲学学院）

一、积极心理健康教育观及发展

积极心理学的理论研究渊源，最著名的为 Lewis Terman 关于天才和婚姻幸福感的研究，以及荣格的关于生活意义的研究，这些研究中都显示出了积极心理学的端倪。马斯洛在《动机与人格》中也曾倡导积极心理学的研究，指出人类需要研究善良、美德等积极特质。此外，精神分析学派卡伦·霍妮则指出弗洛伊德过于重视神经症和精神病的理论是不完全正确的，卡伦·霍妮创造了"基本的焦虑"这一概念。她认为人不是受快乐原则统治，而是受安全的需要支配。一个人生来的主要动机是寻求安全，避免威胁和恐惧。这种不安全感又直接导致了焦虑。这样，寻求安全、解除焦虑就成了人主要的无意识冲动，成了人行为的主要内驱力。寻求安全、解除焦虑需要我们关注影响人类生命体的积极的、向上的东西，需要培养人类各种好的品质。阿隆·安东诺维斯基引进了一个新概念，即健康本源学，由健康和起源组成。这是病理学常规模型的替代模型，也就是说除了病理学，无论是心理健康，还是生理健康，都需要研究健康的起源，这也是强调预防大于治疗所必然关注的。

随着全球科技、经济的迅速发展，在物质财富极大提高的同时，人们的生活质量与精神追求却相对落后，负面心理层出不穷，而消极心理学许多理论似乎只把人当作动物或机器，忽略了人内在的潜力和主动性。因此，积极心理学就在人本主义思潮的影响、客观社会环境的呼唤以及传统心理学研究的片面化等情况下应运而生。

根据任俊（2006）的观点，在 1998 年美国心理学年度大会上，塞里格曼明确提出了 20 世纪心理学的发展存在的两方面不足：一是在民族和宗教冲突上，心理学介入不够；二是强调和理解人的积极品质和积极力量的积极心理学运用不够。因此，21 世纪的心理学要把这两个方面作为自己的工作中心。这是心理学历史上第一次在正式场合使用"积极心理学"一词，不过，塞利格曼在提到积极心理学时是加了引号的，因为就整个心理学界来说，当时还并不十分清楚积极心理学的确切含义。①

在担任美国心理协会会长期间，塞里格曼进一步明确提出任职期间的首要任务的两个目标：第一，让学院式心理学变得通俗，心理学应当链接起象牙塔和普通大众；第二，要创立积极心理学，要加强对爱、两性关系、自尊、动机、恢复和幸福感的研究。

2001 年谢尔顿和劳拉·金的定义道出了积极心理学的本质特点，"积极心理学是致力于研究人的发展潜力和美德等积极品质的一门科学"。在此基础上，在塞里格曼邀请的心理学家西卡森特米哈伊、福勒等人参加的"艾库玛尔会议"上确定了积极心理关注的 3 个相关话题：

（1）积极的主观体验（快乐、愉悦、满意、实现感）。

（2）积极的个人特质（性格优点、天赋、兴趣、价值观）。

（3）积极的社会关系（家庭、学校、单位、社交圈、社会圈）。

1999 年 11 月 9 日到 12 日，在美国盖洛普基金会的赞助下，积极心理学在内布拉斯加州首府林肯市召开了第一次积极心理学高峰会议，塞里格曼、克里弗顿·唐纳德、狄纳等人都参加了这次会

---

① 任俊. 写给教育者的积极心理学［M］. 北京：中国轻工业出版社，2003.

议。这次会议重点讨论了积极心理学的几个重要问题和一些相关概念，同时，还进一步明确了积极心理学今后的发展方向——成为世界性的心理运动。

积极心理学正式为世人熟悉是 2000 年 1 月塞里格曼和西卡森特米哈伊在世界著名心理学杂志《美国心理学家》(第 55 卷第 1 期)上共同发表了《积极心理学导论》一文，具体介绍了积极心理学兴起的主要原因、主要研究内容以及将来的发展方向等。同一期的《美国心理学家》杂志还刊载了一个积极心理学专辑，这一专辑共有 15 篇文章(除导论之外)，其中大多数由当时一些最著名的心理学家撰写。这些文章从三个相互关联的方面详细论述了积极心理学的研究成果(也就是"艾库玛尔会议"上确定的积极心理学的 3 个相关话题)。随后的 2001 年 3 月，《美国心理学家》杂志设立了一个积极心理学研究专栏，进一步介绍了积极心理学(特别是一些年轻心理学家)的最新研究成果。2001 年的冬天，美国《人本主义心理学杂志》也出了一个积极心理学专辑，这一专辑总共有 7 篇文章，对积极心理学与人本主义心理学之间的关系做了全方位的介绍和阐述。以上这三个积极心理学专辑使积极心理学运动逐渐由美国走向了世界。

到了 2002 年，斯奈德和洛佩慈主编的《积极心理学手册》由牛津大学出版社正式出版。手册的出版正式宣告了积极心理学的形成。

此后，积极心理学运动更是呈现出一派欣欣向荣的景象。一些有影响的著作相继出版：如塞里格曼的《真实的幸福》，阿斯宾沃和斯道金格的《人类积极力量的心理学》，凯斯和海德特的《欣欣向荣——积极心理学与生活美满》(任俊，2006)①。

2003 年，塞利格曼与斯托弗·彼得森合著的《积极品质和美德：手册与分类》，明确提出了积极心理学应该培养的个体 6 种美德，即智慧、勇气、仁爱、公正、节制、卓越，同时又针对这 6 种美德，划分出 24 种积极品质。

---

① 任俊. 积极心理学[M]. 上海：上海教育出版社，2006.

随着积极心理理论体系的建立和完善，积极心理学也成为许多大学的一门正式学科课程。随着 2005 年宾夕法尼亚大学积极心理学硕士点的设立和 2009 年美国费城首届国际积极心理学大会的召开，积极心理学正以一种蓬勃的姿态影响着社会的许多领域，并在全社会掀起了一场积极运动，积极心理学的一些观点已经渗透到了社会学、教育学、经济学、管理学等领域，并对其中许多理论产生了重大的影响。尽管积极心理学目前已有了其稳定的组织——国际积极心理学会（简称 IPPA），创立了自己的会刊《积极心理学杂志》①。

把积极心理学中关于研究人的美德和优势等积极特质的这样一种观点和看法应用于心理健康的研究，便形成了狭义的积极心理健康观，即它认为没有心理疾病和心理问题并不意味着心理健康。积极心理健康观主张个体发挥自身的优势和美德，不断主动追求幸福并能体验到这种幸福，达到同时又能不断自我完善、自我发展、自我实现的状态。美国很多高校都在此心理观的指导下具体开展心理健康教育，下面将以 UCLA 为例进行阐述。

二、UCLA 大学基于积极心理健康教育模式的综合运用

广义的积极心理健康教育模式是指将积极心理健康观运用于心理健康过程的一种教育模式，即将看待人类心理健康的积极的立场、态度、观点和看法运用于心理健康教育过程及其组织形式的一种教育。

狭义的积极心理健康教育，是立足于挖掘和发扬美德和优势等积极特质的教育，推动不断自我完善、自我发展、自我实现的教育。狭义的积极心理健康教育是一种发展性教育，是面向全体学生，开展预防性和发展性的心理健康教育，使其正确认识自我，增

---

① FREDRICKSON B. 积极情绪的力量［M］. 王珺，译. 北京：中国人民大学出版社，2011.

强调控自我、承受挫折、适应环境的能力，培养健全的人格和良好的个性心理品质，努力提高心理素质和心理健康水平。

以 UCLA 大学为例，积极心理健康教育模式按照主要实施途径可以分为以下 4 种：

（1）知识传授实施模式。将积极心理学作为心理健康教育的一门独立课程进行教授，同时结合各类积极心理学的讲座，将相关的知识向学生普及。

（2）积极情绪体验及练习实施模式。以组织活动为中心，旨在训练和开发心理机能的一种教育模式。一般通过感恩练习、冥想体验等方式，激发潜藏于学生内心的积极情绪与积极体验。

（3）典型示范实施模式。通过典型的人物、事件，以示范的方式传达积极心理学的各种方法和技能，让学生学习榜样，以榜样的力量扩散积极心理的影响力。

（4）管理实施模式。从教育管理的角度，通过建立或健全教育机构来开展积极心理教育。从建立专门的心理机构、开展社团组织活动、教师参与等三个方面展开。

三、UCLA 大学积极心理健康教育模式对我国高校心理健康教育的启示

从目前我国心理健康教育的具体开展状况来看，多采用以"消极心理健康观"为指导的消极心理健康教育模式。广义的消极心理健康教育模式是指将消极心理健康观运用于心理健康教育过程的一种教育模式，即将看待人类心理健康的消极的立场、态度、观点和看法运用于心理健康教育过程及组织形式的一种教育。①

狭义的消极心理健康教育是指针对心理发展特点而采取的以发现心理问题和心理疾病，帮助解决心理问题和辅助治疗心理疾病以恢复心理健康的教育。狭义的消极心理健康教育是一种补救性教

① 郭敏．广义问题解决视野下的心理健康研究［D］．武汉：武汉大学，2012.

育，它是面向少数有心理问题的个体，开展补救性和矫治性的心理咨询与辅导的教育，其目的是帮助有心理问题的个体尽快摆脱障碍、调节自我，恢复和提高心理健康水平，增强自我发展的能力；对于极少数有严重心理疾病的个体，及时识别，并转介到专业心理治疗机构，适时予以密切配合，辅助治疗、治愈，帮助其重返社会正常生活。

消极心理健康教育模式的实施途径大致可以分为以下四类：

（1）课程实施模式。发现心理问题和心理疾病是素质教育的有机组成部分，应从课程学的高度进行推广。该课程以心理病理学为理论依据，普及心理病理学的理论知识，帮助了解心理问题和心理疾病的成因、症状和基本的解决方法和治疗途径。

（2）渗透实施模式。是指在常规的管理中，在正常的教学活动中，有意识地帮助引导了解心理问题和心理疾病的基本知识。

（3）矫正实施模式。注重心理问题的具体分析，通过师生心理上的沟通，使得师生能在心理相容的基础上平等、亲切地对话心理问题，有利于对症下药，预防心理疾病。注重对心理疾病的预防和调控。

（4）管理实施模式。从教育管理的角度，通过建立或健全教育机构来开展心理教育，主要体现在三个方面：①建立专门的心理机构来开展心理咨询；②通过学校社团组织开展团体心理辅导；③通过导师、辅导员、班主任开展一般性的心理问题解惑。

这种心理健康观指导下的心理健康教育在及时发现心理问题、心理疾病，进行心理辅导和咨询，辅助治疗心理疾病方面，确实取得了很大的进步。但同时也造成了如下后果：

一是使得心理健康教育的使命变得单一，变成了一种类似于病理学的科学，认为心理学就是用来解决心理问题和辅助治疗心理疾病，所有的研究都集中到了解决心理问题，找出病因，辅助治疗疾病上。

二是使得心理健康教育的功能变得单一，往往在发现心理问题和心理疾病上大做文章，而忽视了对人积极一面的关注，如积极心理体验和积极潜能的开发，优势和美德的挖掘和研究等。

三是一定程度上削弱了心理健康教育的功效，也制约了心理健康教育的深入发展，心理健康教育停留在被动地解决问题的层面，而不去主动地预防问题，这样会使得心理健康教育工作宛如割韭菜，一茬未割完，一茬又升起。因为如果只重视发现问题和解决问题、不重视预防问题，就不能从根本上解决问题。

能够有效弥补消极心理健康模式不足的便是借鉴 UCLA 大学的积极心理健康教育模式，让个体发挥自身的优势和美德，不断主动追求幸福并能体验到这种幸福，同时又能不断自我完善、自我发展、自我实现。可见，没有心理问题和心理疾病的状态并不意味着心理健康。强调对个体心理生活中积极因素的研究，帮助探索如何缔造个体的幸福生活，提高心理免疫力，增强心理韧性，始终保持和达到一种心理健康的状态并不断发挥自身优势和美德才是一种发展的根本性的教育。该教育模式必然是对国内高校现行的消极心理健康教育的有益补充。

◎ 参考文献

[1]任俊. 写给教育者的积极心理学[M]. 北京：中国轻工业出版社，2003.

[2]任俊. 积极心理学[M]. 上海：上海教育出版社，2006.

[3]FREDRICKSON B. 积极情绪的力量[M]. 王珺，译. 北京：中国人民大学出版社，2011.

[4]郭敏. 广义问题解决视野下的心理健康研究[D]. 武汉：武汉大学，2012.

美国高校朋辈心理咨询模式
及其对我国的启示
——以加州大学伯克利分校为例

陈　曦

（武汉大学城市设计学院）

　　心理健康与身体健康，是现代健康相互影响、不可分割的两翼。受社会急剧转型、生活节奏加快等多种因素的影响，我国进入心理问题高发期，心理健康服务显得日益重要。习近平总书记高度重视心理健康工作。他在 2016 年 8 月召开的全国卫生与健康大会上指出：要加大心理健康问题基础性研究，做好心理健康知识和心理疾病科普工作，规范发展心理治疗、心理咨询等心理健康服务。在党的十九大报告中，他再次强调：加强社会心理服务体系建设，培育自尊自信、理性平和、积极向上的社会心态。

　　高校大学生独立生活能力和心理成熟水平相对较低，朋辈心理咨询作为心理健康教育的一种特殊形式，具有自发性、直接性、及时性、易获得性、助人自助等突出优点，有利于学生心理健康教育和心理危机的预警和干预。朋辈咨询所具备的"背景年龄相近和'以人为本'的人本主义心理学"等优势都体现了"以生为本"的理念。因此，在高校开展朋辈心理咨询具有现实意义。但由于我国心理健康教育起步晚，缺乏经验和足够的专业师资，公众对心理问题存在认知障碍，我国的朋辈心理咨询开展得并不理想，难以满足实际需求。自 20 世纪 80 年代开始传入我国台湾，直到近几年，大陆才开始对此进行研究和应用。

一、美国朋辈心理咨询模式简介

朋辈心理健康互助模式最早起源于美国，至今已经成为美国普遍采用的同龄人互助方式，包括中学和大学，都设立了各种主题朋辈项目，早已走上一条专业化、规范化的发展道路。朋辈心理咨询（peer counseling）是指非专业的心理工作者经过选拔、培训和督导，向年龄相当的求助者提供具有心理咨询功能的人际帮助过程。由于朋辈咨询师（peer counselor）与普通学生是同龄，学习生活背景相似，处于同样的人生发展阶段，也面临共同的发展问题，所以对学生具有天然的吸引力和亲近感。

朋辈心理咨询不等于通常意义上的同学之间的互帮互助，它具有一定的专业色彩，但由于受训内容和受训时间的影响，其专业能力受到限制，所以，朋辈心理咨询又被称为"准心理咨询"（para-counseling）或"类专业心理咨询"（para-professional counseling）。本文以美国加州大学伯克利分校为例，介绍美国的朋辈心理咨询模式。

（一）加州大学伯克利分校的学生朋辈心理咨询模式基本情况

加州大学伯克利分校的学生朋辈心理咨询中心（Student-to-Student Peer Counseling），简称"中心"，成立于1967年，由加州大学伯克利分校的学生发起，该中心是建立在同情心、无偏见、无条件积极关注的罗杰斯人本主义心理咨询理念之上，为加州大学伯克利分校社区提供独特咨询服务的该校最古老的朋辈心理咨询团体。该中心由一批学生咨询师为加州大学伯克利分校的学生提供免费的、一对一的、保密的（除非客户公开对自己或他人构成直接威胁，否则所有咨询过程都是严格保密的）咨询服务。作为同龄辅导员，他们提供了一个支持性的氛围，让学生可以公开地谈论他们的任何感受。中心目的在于帮助同学们发现自己的问题或制订不确定性的解决方案。此外，中心为寻求专业或专业帮助的学生提供最新的、广泛的推荐。他们所有的服务都是完全免费和保密的。由于他们不是专业的心理咨询师，所以来访同学可以和他们像同龄人一样交流。该中心相信人们可以通过互相支持来帮助别人。因此，他们的咨询模式是专门为有需要帮助的同学量身设计的。所有的朋辈心理咨询师都接受过广泛的培训，涵盖了各种各样的话题，从压力到自杀念头。社团成员们为前来咨询的同学的遭遇提供无偏见的、善解人意的倾听。

（二）加州大学伯克利分校的学生朋辈心理咨询中心提供的资源

加州大学伯克利分校的学生朋辈心理咨询中心面向学生提供如下资源：（1）自杀预防；（2）抑郁；（3）残疾学生；（4）性健康；（5）压力和焦虑；（6）学术类。以"自杀预防"类为例，中心会表明自杀是一个非常现实和严重的问题。如果来访者或者其认识的人有自杀倾向，会请他们立即寻求帮助，并希望来访者提醒有自杀倾向的学生能和别人谈谈他们的感受。无论这个人是他们亲密的朋友、家庭成员，治疗师、宗教或精神导师，中心朋辈咨询或热线咨询都能提供帮助。中心会告知来访者要了解更多关于自杀的知识，误解、警告信号，以及如何获得帮助，可以通过访问加州大学伯克利分校大学健康服务中心官方网站的链接，来进一步学习如何帮助有自杀倾向的人。中心同时会提供所在州的自杀预防热线、国家自杀预防热线以及全国生命希望网址。在涉及同学们的专业课学习类问题时，中心网站提供学生学习中心为伯克利学生准备的各类学科的无限制的免费辅导，并留下学习中心的网站链接，同时会告知他们专业学习内容类的问题是不适合前来向他们朋辈咨询师咨询的。

（三）加州大学伯克利分校的学生朋辈心理咨询中心预约方式

中心可以提供咨询的办公时间是星期一至星期五上午 10 时至下午 4 时，咨询地点是在 eshleman 楼的 312E。同学们需要通过网站至少提前 24 小时提交预约申请，如果同学们没有提前 24 小时发送请求，且没有工作人员及时回复他们的申请，他们仍然可以按照自己选择的时间进入中心的办公室，但不会保证能有同学给他立刻提供咨询服务。此外，同学们有任何疑问，也可以直接通过中心的邮箱或填写网站预约页面的表格同他们咨询。在预约界面，中心会提醒同学们在与朋辈咨询师交谈后，可以考虑填写反馈表格并留下表格填写链接，从同学们的反馈来了解咨询效果，这样也可以帮助朋辈咨询师反思并获得成长提升。

（四）加州大学伯克利分校的学生朋辈心理咨询中心朋辈咨询师招募和督导

该中心不限学生专业，针对有意向加入中心的同学，会要求他们必须在每学期开始时参加中心的一个信息交流会议，会议通知会提前发布在中心网站主页，通过交流会，同学们会了解中心的基本情况，加入中心的要求以及中心咨询模式。会后会对申请者进行筛选，最终加入中心的新成员必须经过一个学期的相关培训，并在开始咨询工作前接受评估和模拟咨询测试，通过者方可开始朋辈心理咨询服务工作。

在服务期间，朋辈咨询师必须每周接受专业人士的业务督导，以保障在遇到困难个案和其他困境时，能够获得专业的帮助和指导。朋辈心理咨询师必须严格遵守朋辈中心的工作伦理，遵守工作底线和工作边界，这种做法的目的是最大限度地保障来访者和咨询师的利益，避免任何一方受到不良的影响。例如，不得与来访者保持双重关系，不得为朋友、熟人进行咨询，当发现认识来访者，则更换咨询师，避免因为在朋辈咨询中心的特殊身份对来访者施加影响。如果有人违反了伦理，则会由专业人士进行训导，提出改进建议，严重的会取消服务资格。

（五）加州大学伯克利分校的学生朋辈心理咨询中心课程体系和授课方式

一学期的培训旨在向新成员介绍以顾客为中心的"罗杰斯人本主义心理学"咨询模式。新成员们通过理论学习和实践训练，达到减少羞怯感和赋能的效果。培训目标在于提升咨询师两方面的能力，一是关于帮助他人的方法和技巧，二是获得关于寻求帮助的信息。新成员将根据全美朋辈教育联合会(the National Association of Peer Programs)制定的标准，进行项目的实施和考核，学习朋辈咨询的咨询技巧、校园心理健康、性健康等，新成员应该能够在大学环境中讨论朋辈辅导员的角色，以及了解朋辈辅导员的局限性。中心认为，即使同学们未来不从事心理咨询工作，也可以通过培训提升日常生活的沟通技巧来获得成长。成功完成这门课程的学生可能会被邀请在下学期参加朋辈心理咨询。这些课程由学校心理咨询中心专门负责朋辈心理咨询的心理专家亲自授课，由中心训练有素的成员教授担任每周一次的实操训练助教。

二、美国朋辈心理咨询模式对我国高校
心理健康教育的启示

(一) 构建完善的朋辈心理健康服务网络，加强制度建设

美国于 1984 年成立全美朋辈互助者协会(NPHA)，后来更名为全美朋辈教育联合会(NAPP)。它是一个非营利性组织，目的是为朋辈计划的事实提供优质的理论和技术支持，其活动主要包括举办年度大会、开设培训班、创办简报和专业性杂志《朋辈计划前瞻》。该协会聚集了全国 501 个致力于朋辈心理咨询推广的合作伙伴，与全美 37 个州的协会保持密切联系，在国外设有 14 个附属机构，会员遍布世界各地。美国很多大中小学都设有朋辈心理教育组织，都从属于全美朋辈教育联合会，接受联合会的指导和考核。联合会集体研究朋辈心理咨询等朋辈辅导的议题，制定统一的标准。我国也可以采取这个思路，建立相应的组织，来统筹和组织相关培训，指导下属各省级、高校等有关机构组织开展相关教育活动，形成组织保障。高校心理健康教育职能部门应充分认识到朋辈辅导的优势，建立朋辈辅导长效机制。要在现有基础上做到制度完善，构建朋辈辅导员选拔、培训、监督、激励等制度，对朋辈辅导师给予

及时的关心及专业的培养，使其真正成长为心理辅导的生力军。

（二）制定符合我国国情的朋辈心理教育方案

我国应在充分学习国外先进理论和技术的基础上，结合我国特点，制定符合我国实际的朋辈心理教育方案。美国朋辈心理咨询技巧的课程内容和课外小组作业等都是经过专家的反复研究、论证而来的，无论是伦理还是情绪和问题的处理步骤以及危机干预等，都可以直接借鉴。但是，在教学过程中，要注意结合学生的特点，进行教学和示范。如既要训练学生进行非评价式反馈，提升其语言表达能力、常见心理问题的疏导能力，也要考核对危机情况的识别和紧急处理能力，以保障上岗后能够灵活应对各种突发事件，做到临危不乱。此外，在进行"校园心理健康"课程的引进过程中，必须结合我国大学的特点，进行较大幅度地调整。在保留部分主题的情况下，如抑郁症、进食障碍、悲伤与丧失等，增加我国学生特有的主题，如自我认同、宿舍关系、家庭关系等。与此同时，对于我国长期以来相对滞后的性教育、艾滋病防御、校园霸凌等主题，应加大研究和教育力度。

（三）制定符合我国国情的朋辈心理咨询师选拔标准

目前我国高校的朋辈心理教育大多由心理委员承担，高校初步制定了选拔标准、工作职责和管理办法，也进行了一些心理健康知识和危机识别的培训。但总体来说，心理委员的培训比较粗糙，缺乏一套严格、科学的培养标准，使得心理委员的素质参差不一，专业能力较低，既导致普通学生对心理委员的排斥和不信任，也导致心理委员自身积极性的挫败，影响了工作质量。由于心理委员数量巨大，无法借鉴美国的朋辈培养方案，建议从心理委员当中挑选最适合的，进行小班化、精细化的培训，使他们既能符合朋辈心理咨询师的标准，也能具有指导心理委员的能力。需要采取面试—培养—考核相结合的选拔机制，即在对学生进行培养之前，先进行面试，选拔沟通能力良好、人格健康、有助人意愿的学生进行培养，培养之后再按照专业要求进行知识和操作能力的考核。由于学生组织是自发的，流动性很大，热心的学生能够从助人过程中收获巨大的成就感和满足感，这是影响学生能否长期坚持志愿服务的最重要因素。

（四）宣传与推广朋辈服务，创新实施形式

高校应采用多种形式宣传推广朋辈咨询服务，呼吁大家正确看待心理咨询，关注自身心理健康，告知同学们如何获得求助和困惑解答。同时，对于典型案例要加大宣传推广力度，使更多同学受益。再者，对于优秀杰出的朋辈咨询师要加大宣传表彰力度，积极树立正面典型，传递正能量。朋辈咨询的实施形式也不应拘泥于传统一对一的咨询形式，也可以尝试一对多的团体类咨询，咨询中可以融入艺术的手段，如舞蹈、戏剧、陶艺、绘画、音乐等形式，带给同学们更多新鲜丰富的感受，以大学生喜闻乐见的方式方法开展朋辈咨询的宣传推广及实施形式，提升心理健康教育的有效性。

◎ 参考文献

[1]张月. 中美大学生朋辈辅导制度研究[J]. 赤子，2015（1）：87-87.

[2]佚名. 全国卫生与健康大会在京召开[J]. 中国报道，2016（9）.

[3]傅小兰. 加强社会心理服务体系建设[J]. 人民论坛，2017（z2）：124. DOI：10. 3969/j. issn. 1004-3381. 2017. z2. 052.

中美博弈背景下关于当代大学生教育的几点思考

周　鹃

（武汉大学物理科学与技术学院）

近年来，全球形势复杂多变，特别是中美贸易争端引起的对抗，不仅仅是经济贸易领域的摩擦，也体现出中美各方面实力的综合博弈。教育作为影响国家发展的重要因素之一，青年作为国家治理的关键，都是我国综合实力的重要阵地。基于这场博弈的长期性和严峻性，我国的高等教育事业必然要做好充分的战略准备，从当今习近平总书记提出构建人类命运共同体的目标出发，中国要力争力求与美国互利互惠，合作共赢，融入美国先进教育理念的同时，坚守国之本质，打造中国特色大学生高等教育理念，努力培养出一大批有世界眼光，为国尽忠、有血性、有本事的中国人才，最终成功实现国家的伟大复兴与崛起。结合美国社会现行教育体制机制，我浅谈几点体会。

一、以生命教育为根基，筑牢"生死"防线

美国是世界上最早开展"生命教育"的国家，特别是在预防大学生自杀方面，积累了丰富的经验。结合在美国加州几所著名高校的实地参访，笔者发现，美国高校对于心理危机的预防和干涉机制是非常健全的，既设有专门机构，配备专业人员，也在教育内容和教育方式上建立了成熟的体系。

纵观我国当代大学生的特点，接受新生事物比较多，追求个

性，强调自主，但在面对困难挫折的时候，心理承受能力偏低，解决问题的能力偏弱，这是大学生教育过程中不容忽视的问题。特别是近年来，高校呈现出较多的案例，大学生怀疑生命、漠视生命、伤害他人、否定生命、放弃自我、游戏生命，缺乏生活目标和方向，面对学业压力或生活中的不如意出现心理问题、自残、自杀等现象，这都是生命教育缺失的表现。

因此，生命教育势在必行，应当贯穿当代大学教育阶段的始终。生命教育不仅仅是为了预防自杀，更是为了塑造完美的人格，弥补大学生的性格缺陷，引导大学生树立自己的奋斗目标，形成积极进取的人生态度，把理想和现实结合起来，进而真正实现人的全面发展。

从美国高校的生命教育实践来看，最值得借鉴的就是其心理健康教育咨询和追踪心理辅导的普遍性、专业性和广泛性。在美国，大约有一半的大学生在学校接受过心理咨询服务。学校通过新生问卷调查获取第一手资料，将学生区分为三种类型：普遍干预、选择干预和需要干预。普遍干预方面，学校心理健康服务中心会发放宣传单，开通咨询热线，鼓励学生通过倾诉、接受专业心理指导等方式排除不良情绪。选择干预方面，针对有自杀倾向的学生制定具体的干预措施，进行在线或面对面谈心谈话，帮助解决问题。需要干预方面，则是针对重度抑郁、滥用药物、故意自残等高危群体，采取退学或休学，由学校、家庭或社区联合积极治疗。但在国内高校，大学生接受心理咨询仍然只是少数人的事情，许多学生在心理健康教育方面意识薄弱，即使选择心理治疗的学生，也不敢"光明正大"地进行，导致学生有了问题而不能及时解决，进而引发更大的问题。

具体来看，生命教育的实施还需要注重内容与方式。挖掘生命教育与大学生思想政治教育以及日常教育教学的内在联系，通过学科渗透、显性与隐性课程相结合、理论与实践相结合、必修与选修相结合，才能取得较好的效果。生命教育仅靠说教是不能完成的，需要学生的亲身体验，国内大学生可以加强生命教育活动的实践环节，我们可以结合禁毒日、世界环境日、预防艾滋病日、安全教育周等，引导学生开展多种形式的生命教育专题活动。如参观殡仪馆、死亡博物馆，观看相关影片，阅读书籍后进行讨论和思考，开设生命教育专题网站等形式，通过情景模拟等，结合地震、自然灾害等大事件，引发学生情感共鸣，加深对生命的理解，加深情感体验，使其真正认识到生命的可贵。注重生活的真实体验，如生命教育课程中开设失落和悲伤体验，"为死亡所做的准备教育"等主题。以上，都需要与大学生的全方位教育过程相结合后具体实施，通过提供多渠道保障，在学生需要的时候随时提供服务，避免突发状况，真正筑牢"生死"防线。

二、以文化教育为支撑，坚持中国特色

国家的强盛离不开文化的支撑。中美文化差异显著，两国的社会政治制度、发展道路、意识形态存在根本的不同。但我国几千年历史文明的发展和中国特色社会主义道路的实践证明，中华文化是中国特色社会主义的沃土，中国特色文化是中华民族的重要文化软实力，只有把中华优秀传统文化更好地融入中国特色社会主义建设，才能造就实现中国梦的强大文化力量。

一直以来，中美文化博弈就从来就没有停止过，特别是在当代大学生群体中影响巨大。西方文化的渗透让许多人从根本上忘记了中华民族历来追求大多数人的共同利益，骨子里流淌着爱好和平的血脉，秉持着"和为贵""天下为公""世界大同"的理念和基因，面向国际社会，坚持走和平发展道路。美国作为众多人心目中的"超级大国"，其文化的冲击影响力令国人失去信仰，通过文化产业和文化输出，有效推广美国的价值观，让国人丢失了传统的东西，羡慕、崇尚西方文明及其生活方式，导致物质生活的泛滥和社会的空虚浮躁甚至是道德准则的失衡，这也极大地阻碍了社会主义建设。

而当代大学生群体正是实现中国梦的生力军，在中美博弈这场"没有硝烟的大战"中，我们的责任是要以国情和中华文化、马克思主义为底蕴，不断丰富和建构具有中国特色的社会主义理论和话语体系。这也是当代大学生教育应承担的重要使命，就是引导他们

坚定地走中国特色社会主义道路，为实现中华民族伟大复兴更加坚定中国梦的理想信念。只有从中华文化中汲取营养才能获得长足发展，只有从我们的文化中传承精神力量，才能有助于中国特色社会主义理论体系与时俱进、长葆活力。

因此，在当代大学生教育过程中，非常有必要正本清源，提倡发展传统文化，通过开设相关课程、诵读经典、举办传统文化特色活动、感恩教育等引领当代大学生深刻把握中华优秀传统文化的价值内涵。比如，自强不息的奋斗精神、厚德载物的人格风范，都是优秀中华传统文化的典型表现。从现在开始，都应该积极推动，将其融入日常生活、工作和学习。紧跟时代，在思想政治教育和爱国主义教育的基础上，突破单一的说教，多方结合，通过潜移默化的影响，对当代大学生进行传统文化教育，让融会在传统文化中的智慧、风骨、胸怀和操守，真正成为建立当代大学生理想信念的力量和源泉，也为进一步实现个人身心和谐、家庭和睦，进而实现社会和谐提供重要保障。当一个国家的青年大学生们都能够坚守几千年来的优秀传统，弘扬艰苦奋斗精神，朝着一个共同的目标，脚踏实地，劲往一处使，就会逐渐具备强大的主导和引导能力，国家也会按照大多数人的意志和意愿，一步一步驶向理想的彼岸。

在历史发展的长河中，中华优秀传统文化深深烙印在民族的魂魄中，是国家和人民生生不息、代代相传的力量源泉，也为实现中国梦提供丰富的价值资源和强大的精神力量。在全党开展"不忘初心、牢记使命"主题教育的大背景下，每个人都重新回首了自己的"初心"和"使命"，当代青年人则更应当坚定信念，坚持中国特色，共同努力推动中国梦的实现。

三、以创新教育为抓手，立志决胜未来

坚持国家特色，推进国家治理现代化的进程充分体现了文化和制度的与时俱进，因循守旧只会阻碍进步和发展，因此创新便是发展的灵魂。一直以来，我国对创新发展也较为重视，但并没有形成较为完整的创新体系，且在具体操作方面并没有形成切实可行的方

案。就从关键的技术性突破方面来看，我们习惯给予专项支持，侧重支持某个具体方面。而美国则更加注重对整个创新系统的建设和大领域的谋划。在创新这个领域，我们与美国仍有一定的差距，无论是人才培养还是科技事业，美国在创新支持落实方面比较出色。

美国是一个高度创新的国家，美国人在很多人印象中总是比较自强自立，务实并注重个人能力，敢于冒险，开放和创新等，从美国的创新教育实践来看，这是他们一贯坚持的，承认每个学生都有自己的天赋，并鼓励他们努力发挥自己的特长，通过对学生思维习惯的训练方法，给学生机会，提高其参与度，让学生在这个过程中树立创新意识。在大学生层面，更是建立了庞大的实践教育基地，让学生能够充分发挥所学，自主独立地创造发展。反观我国当代大学生，在应试教育的体制下，虽然很勤劳，但独立性差，不愿意尝试，综合运用所学知识、信息、技能和方法提出新方法和新观点的思维能力不够强大，进行发明创造、改革、革新的意志、信心、勇气和智慧不够充足，普遍缺乏创新精神。

因此，在培养德、智、体、美、劳全面发展的基础上，我们还应注重创新素质和能力的培养，强化办学理念中的创新精神，完善教学方法中的创新方式，改革创新教学模式，将创新教育落实到一种根本性的教育体制中，而不仅仅是某一个教育环节。通过全方位锻炼学生的创新素质，充分发挥学生的主观能动性，提升学生的自我效能感，探索适合我国国情的高质量创新人才培养之路。

不得不说，在中美博弈背景下，最危险的时刻就在当下，最烦心的时候在不远的未来。我们势必要积极推动各领域创新发展和升级，落实"创新驱动"发展战略，加强国际交流和合作，坚持"引进来"和"走出去"，从当代大学生教育入手，根植创新源泉，引导大学生以新的思想、新的态度去适应时代的要求。时代在发展，社会需要创新型人才，大学生在转变观念、加强对外交流和提高创新能力的同时，牢固树立爱国意识之后，通过多种途径更新知识、学习内容和学习方法，参与实践，加强创新学习，才能真正将自己培养成社会和国家需要的人才，真正为国家的长足进步贡献一分力量，为祖国的建设添砖加瓦。

在中美博弈中，我们最大的政治优势是中国共产党的坚强领导。世界历史反复证明了，民族凝聚力向来是决定国家间战略竞争结果的关键因素之一。中美两国的持久战、拉锯战将持续相当长的一个历史阶段。所以说，未来我们要顺利实现民族伟大复兴，就必须清醒认识并坚定维护自己的政治优势，坚持制度自信和道路自信，决不能稀里糊涂地把自己手里最硬的王牌给丢了。而这张王牌的背后，当代大学生群体就是最好的诠释者。加强生命教育，打造坚强的身体和心理素质，做好持久的思想准备，保持坚定的政策定力，以文化为基础，以创新为目标，立足中华传统，抓好当代大学生教育，通过他们向世界讲好中国故事，阐述好我们国家的发展理念，产生更大更广泛的吸引力，彰显我们的特色！

◎ 参考文献

[1]王文，刘典．中美博弈与中国复兴：基于两国实力消长的视角[J]．东北亚论坛，2019(2)．

[2]中共中央宣传部．平"语"近人：习近平总书记用典[M]．北京：人民出版社，2019．

[3]习近平谈治国理政：第一卷[M]．北京：外文出版社，2018.1.

[4]金振奎，金明，贾若溪．颠覆传统教育理念，培养一流创新人才[M]．北京：石油工业出版社，2018．

[5]刘恩允．大学生生命教育研究[M]．北京：中国社会科学出版社，2012．

[6]叶春林．大学生中国传统文化教育研究[J]．教育教学论坛，2018(30)．

[7]李志波．当代大学生创新创业教育研究[J]．青年与社会，2019(3)．

[8]姜显微．高校大学生创新创业教育研究[J]．学理论，2019．

美国高校学生社团管理服务
研究及其启示
——以美国加州部分高校为例

韩 琦
（武汉大学水利水电学院）

大学生社团是高校学生"第二课堂"的重要组成部分，是高校学生培养志趣爱好、拓展知识视野和促进朋辈交流的重要平台，也是立德树人工作校园文化活动的重要载体。做好学生社团的管理服务工作，促进学生社团健康有序发展，对丰富校园文化氛围、促进学生成长成才、提升高校人才培养质量，具有重要的意义。然而，受国内外历史背景、社会环境、价值观念等诸多因素的影响，中美高校的学生社团工作存在许多差异。本文以美国加州部分高校为例，分析研究了美国知名高校学生社团管理服务的做法，探讨了其社团管理经验对我国"双一流"建设高校学生社团管理服务的启示。

一、美国高校学生社团管理的概况

美国高校大学生社团数量众多，学生参与度高，在学生大学生活中扮演了重要角色。据美国卡耐基教学促进基金会调查发现，美国50%的大学本科生每周至少参加1个小时以上有组织的学生活动（不包括体育活动），丰富多彩的校园社团活动有效地服务了学生的大学学习生活。

18世纪初，耶鲁大学成立了"文学型社团"，这是美国乃至国外成立最早的高校学生社团，早期成立的绝大多数学生社团是以开展辩论、演讲等文学活动为目的。19世纪60年代，美国各大学学生社团不再局限于讨论文学，还参与体育竞技、戏剧表演等。第二次世界大战以后，高校日益膨胀的学生规模与相对缺乏的教学资源出现矛盾，给学生造成极大的学业压力及就业压力。受此影响，学生较多地把时间与精力集中于个人学业与事业发展，因而这一时期的学生社团活动相对沉寂。20世纪90年代后，学生社团进入全面繁荣时期。与之对应的，我国建立真正意义上的现代大学仅仅在120多年之前。京师大学堂时期的抗俄铁血会是我国出现较早的学生社团，其后高校学生社团受时局影响起起落落。21世纪初期，随着素质教育的提出，学生社团逐渐活跃起来。

美国学生社团建设强调学生在课外或非学术活动中的个体发展，强调大学要培养"完整学生"的理念，注重学生社团的"全面育人"功能，只要学生社团不违法，随时都可以开展活动。美国高校管理社团的核心指导思想是"依法治团"，具体表现在：《联邦宪法》和各州制定的专门性法律成为高校管理学生社团的最高法律依据；学校的各项规章制度对指导教师、学生、家长和介入学生社团活动的社会单位或个人都有明确的规定。美国高校一般设有专门的社团管理机构，主要有两种：一种是隶属于学生事务处的"学生社团辅导室"，主要负责学生社团的成立审批、监督考评、活动指导、经费划拨等；一种是"学生社团委员会""学生社团政府"，机构的主席一般是副校长或教授，而委员会的成员大多数是学生，个别委员为教师，委员会决定有关社团组织及活动的政策。与之对应，我国高校也建有专门的社团管理机构，一般是校团委（学生活动管理中心）。作为一个具有鲜明政治性的群众性组织，校团委需要开展凝聚青年的社团活动这一"聚人"的媒介，完成思想政治引领青年的"育人"作用。为完成社团的科学规范有序管理，我国高校普遍制定了自己的学生社团管理条例和规定。

一般说来，美国大学学生社团活动的经费是很充足的，社团可以从学校的相关部门或基金会申请活动经费，也可以通过自主经营项目、举办收费活动、收取会费等筹集经费，还可以从校友会、社会团体等渠道募捐。与之对应的，我国高校学生社团主要活动经费来自高校拨款、社会赞助和会员会费等合法渠道，当然，社团接受社会赞助等校外资金需经过相关的合法合规性审查和管理。

美国高校活跃的学生社团文化氛围造就了大量的政界、商界、军界、科技界和艺术界精英人士，然而由于美国社团制度固有的弊端，其学生社团在发展过程中也不可避免会出现一些问题，客观理性地分析这些问题有助于我们在学习与借鉴其发展经验中加以避免。一是非正式注册社团普遍存在；二是允许成立宗教类社团；三是部分社团过于强调自治。这些在我国高校学生社团管理中都是需要规避的。

二、UCLA、UCB 学生社团的管理情况

作为美国顶尖的公立大学之一，加利福尼亚大学洛杉矶分校（University of California, Los Angeles, UCLA）和伯克利分校（University of California, Berkeley, UCB）是美国培养尖端人才领域最广的大学之一，也是美国学生社团文化氛围最浓厚的大学之一。洛杉矶分校学生社团超过 1300 家，学生社团分类达 62 类，规模体量在全美都是屈指可数的。加州大学伯克利分校，拥有 1400 个学生社团，其中，艺术类 112 个、文化类 206 个、政治类 103 个、职业类 213 个、运动类 34 个、宗教类 74 个、服务类 244 个、学术类 249 个、其他 165 个。

（一）UCLA 学生社团管理

洛杉矶分校设有专门管理学生社团的部门，即 SOLE 部门（Student Organizations, Leadership & Engagement），并就校园活动、注册学生组织和设施使用等事项制定了专门的条例（UCLA Regulations on Activities, Registered Campus Organizations, and Use of Properties）。

（1）关于社团注册。条例详细规定学生社团注册流程，如果一个学生社团想获得正式注册资格，需要填写注册表格提交给学校的 SOLE 部门。注册表格材料包括学生社团组织名称和地址、社团成

立的目的和宗旨、三位社团权威代表的身份证明材料以及接受相关管理制度的说明材料等。学生社团一经注册成功，可以随时申请发放宣传传单，进行成员招募。学校规定，如果学生社团未遵循相关的组织审查程序，或活动的宗旨目的明显违反了大学政策或校园法规，学校将不予通过注册审查。一旦做出不予注册决定，SOLE 会在短时间内将相关理由通知到社团代表，该社团代表也可向主管学生生活的助理副校长甚至主管学生事务的副校长提出上诉。

（2）关于社团筹集资金。社团可以在会员大会上讨论会费相关事宜并收取会费，此外，正式注册学生社团如需开展筹款活动，必须得到 SOLE 的批准和授权，以便与学校外事办公室协调确保该活动符合学校发展的目标。如在学生宿舍中开展筹款活动，有关的政策和程序必须符合适用于校内相应园区的住宿规定。此外，社团还可以征集自愿捐款，可以出售与组织宗旨有关的非商业性材料来筹措资金。经 SOLE 事先批准，正式注册的校园组织可在某些校园活动项目中收取一定的活动费用。

（3）关于举办活动。UCLA 规定：开展任何活动要以不干扰学校的正常有序运行为原则，如发生类似情况，应该在负责学生事务的助理副校长等人指导下及时中止该活动。活动的预期持续时间、参加人数、活动产生的预期噪音水平、与学术活动相关的时间安排情况等都是需要考虑的因素。在活动宣传方面，在活动未批准之前，不得发布任何活动计划的宣传。如有校外媒体参与活动报道工作，必须向媒体关系办公室（Office of Media Relations）报告，所有其他拍摄，摄影或录音必须得到 UCLA 活动办公室（UCLA Events Office）的批准，并且必须获得 UCLA 拍摄许可证。此外，学校对功放音响宣传活动也有明确规定，事先需要获得 SOLE 的批准，在正常教学期间，功放音响只能在 11：50 到 13：00 使用，并随时接受 SOLE 的监督审查。

特别要提及的是，积极依托创新创业类社团开展创业计划是 UCLA 创新创业实践的一个特色做法。学生组织常常与名企建立良好的关系，邀请其参与学生活动以及提供技术咨询或商业赞助，引进有创业或管理经验的企业人士担任创业教育导师或教练。UCLA

创业者协会致力于为本校大学生创业提供服务，每年组织至少 150 次以上活动，平均每周 3~5 次，如风险投资的系列演讲、亲临工厂实践、参观公司、与创业成功人士私人用餐，以及一项世界级的创业计划大赛和每年的年终会议等，还为学生提供了许多进入洛杉矶地区的初创企业里创业实习的机会等。

（二）UCB 学生社团管理

伯克利分校鼓励学生积极参加校园活动和社团工作，以此促进学生的个性化和多样化培养。伯克利分校学生社团管理主要是通过学生领导中心和学生自治会所属的评议会来完成的。这两个机构的分工大致如下：学生领导中心主要负责学生社团的一年一度的认证注册，通过认证注册的学生社团才能获得学校的经费等资源支持。而学生自治会所属的评议会则具体负责已认证注册社团的运行经费的拨付工作。

（1）关于社团注册。与 UCLA 类似，UCB 社团认证注册需要提供社团名称、目标、章程等，不同的是，UCB 需要至少 4 个获得社团授权的签字人。签字人可以是学生、教师或行政人员，需要对社团行为负责，每个社团需要至少两位学生签字人。学生社团要了解并遵守学校和所在地的各项规章制度，如有违反将直接影响其认证注册结果。

（2）关于社团活动。与 UCLA 类似，UCB 学生社团举办活动需要遵守相应的校纪校规，同时也有较大的自由度和灵活性。作为学校组织最健全、成员覆盖最广泛的社团，UCB 学生自治会每年筹办 200 多种演讲、音乐会和其他活动，每年与斯坦福大学联合举办球赛和辩论赛。学校开发了一个教室预约系统，所有的社团均可申请，无需学院签字批准，为学生活动提供便捷的场地借用服务。UCB 几乎所有的社团中均有校友加入，这为在校学生规划自身的职业生涯，甚至为学生将来就业提供实质性的帮助。

（3）关于社团资金筹措。UCB 筹措资金主要有两种渠道：一是申请学校资助，二是募集校外资金。申请学校资助又分为向学生自治会评议会申请和学生机会基金申请。募集校外资金则需要经过学生领导中心的批准，并持有相应的募集资金表，通过各类文体比赛或销售服务等工作来完成筹资。

对比 UCLA 和 UCB 与我国高校，其学生社团申请成立的程序和所需材料是基本一致的。不过，我国高校学生社团在社团成立的把关上更为严格，学生社团成立仅有学生代表签字和相关材料还不够，还需要指导教师的签字和相关材料。另外，在社团成员和活动场地的管理上，我国高校更为细致和严格，我国高校社团成员均为高校在校生，一般不包括校友；活动场地一般需要经活动主办方和场地工作人员共同审核。在社团经费外联方面，因"学生社团不得开展纯商业性活动"这一规定，我国高校对外联商家赞助社团活动的管理更为严格和谨慎。

三、美国高校学生社团管理对我国"双一流"建设高校学生社团工作的启示

相较于美国高校而言，包括我校在内的国内高校学生社团组织和活动起步晚。但改革开放后特别是 21 世纪以来各高校学生社团发展迅猛，学生社团成为校园文化建设和学生素质教育不可或缺的一部分。近些年来，团中央、教育部先后联合出台《关于加强和改进大学生社团工作的意见》《高校学生社团管理暂行办法》等文件，对加强学生社团规范管理和发挥社团"第二课堂"育人功能提出了更高要求。美国高校学生社团发展经验对我国"双一流"建设高校学生社团工作有如下启示：

(一) 要明确学生社团的鲜明育人导向

要进一步提高政治站位，不断增强社会主义大学学生社团的思想政治引领作用。一是明确社会主义大学学生社团的育人定位和属性。区别于美国高校学生社团，强化学生社团工作是高校党委领导下的立德树人工作的重要组成部分，明确学生社团的基本任务是：遵循和贯彻党的教育方针，坚持立德树人的基本导向，以理想信念教育为核心，按照自愿、自主、自发的原则团结和凝聚广大青年学

生，开展主题鲜明、健康有益、丰富多彩的线上和线下"第二课堂"活动，促进学生成长成才。二是鼓励支持思想政治类社团的发展和活动，开展功能型党团组织建设工作。精心设计活动载体，增强社团活动的理论性和思想性。大学生理论社团要坚持时事政治研讨、主题宣讲，并不断扩大活动的覆盖面和实效性。另外，在条件成熟的社团，开展学生社团功能型党支部、团支部建设工作，努力使党团组织更大范围地覆盖学生社团，充分发挥其在社团成员思想政治引领中的作用。三是紧密围绕学生需求开展社团活动，发挥好社团在繁荣高校校园文化和满足学生个性化成长需求中的作用。要借鉴 UCLA 依托创新创业类社团服务学生创业就业实际需求的做法，社团活动主题设计要主动结合同学的学术科技、就业创业、实践锻炼、学习帮扶、心理解惑、文艺体育才能展示等方面需求，抓好服务促育人，充分发挥好学生社团在"第二课堂"的育人功能。

（二）要加强学生社团的规范化管理

要学习美国高校完备的学生社团管理制度，进一步建立完善科学的规章制度和管理体系，推进社团日常工作制度化、规范化，防控和消除社团管理中的各种风险。一是要完善学生社团协同管理的体制机制。学生社团工作由高校党委统一领导，学校团委履行主要管理职能，还需要校内各职能部门、学生社团指导单位等密切配合、协同管理。二是规范学生社团活动审核流程。逐步完善落实并长期坚持学生社团活动由指导教师、指导单位、校团委等共同审批或逐级审核的流程，着重进行活动可行性认证和经费来源、宣传和安全性把控。三是尝试建立社团骨干直接联系服务社团制度。指派社团骨干直接联系学生社团，和社团负责人交朋友，提供"一对多"服务，对学生社团活动开展情况、宣传平台信息发布情况、发展困难和问题进行深入了解，重点关注和引导思想政治类、志愿公益类、自律互助类社团。四是从严做好学生社团成立审批和年度审查工作。对申请成立的社团进行认真审查，对社团章程、社团负责人、指导教师、指导单位、社团发展前景等情况逐一分析研判，严把学生社团成立入口关。严格社团年度审查工作，对学生社团开展活动、资金流动、人员变动、新媒体平台等进行严格审核，全面排查社团各项管理工作中的漏洞和活动中存在的风险隐患，对年审不合格的学生社团及时予以限期整改或强制注销。

(三) 要强化学生社团活动保障

要为学生社团发展和活动开展提供更为充足的经费、场地资源等，充分保证社团活动顺利开展。美国高校的学生社团经费充足，除会费收入外，主要有学校相关部门和基金会的经费支持、自营项目收入(包括举办收费活动)以及校友会和社团团体赞助。与之相对应的，学生社团经费紧张是当前我国高校学生社团的通病，因为对社团拉取外联经费管控极其严格，会费收入成为我国高校学生社团的基本经费，但我国高校学生社团会费一般较低，且为一次性收费，理论学习类、志愿公益类社团收取会费则更少。针对学生社团活动经费不足问题，建议统筹学校经费配置，在学校层面设置学生社团专项经费，确保活动经费正确使用。此外，各高校社团管理部门还要积极拓宽经费来源，鼓励学生社团的指导单位或挂靠单位对学生社团提供必要的经费支持；建立外联商家白名单，对外联商家进行信用评级，支持学生社团与信用良好、合作顺利的外联商家合作。此外，要借鉴美国高校户外运动类社团管理经验，积极与保险公司开展合作，为经常开展户外运动的社团成员购买长期保险，加强心肺复苏急救等知识培训，尽可能为其开展社团活动提供安全保障。

◎ 参考文献

[1] http：//www. ucla. edu/campus-life/clubs-organizations-and-recreation.

[2] UCLA Regulations on Activities，Registered Campus Organizations，And Use of Properties [EB/OL]. [2010-07-20]. https：www. sole. ucla.edu/Policies.

[3] https：//reslife. ucla. edu/rules/.

[4] https：//sa. berkeley. edu/.

[5] 杨广东. 美国大学学生社团的治理模式及其启示[J]. 北京城市

学院学报，2018：82-87.

［6］廖良辉．中美高校学生社团管理比较［J］．青年研究，2005（5）：45-49.

美国大学新生教育研究与启示

赖 婧

（武汉大学资源与环境科学学院）

新生教育目前在美国也被称为"第一年教育"（First Year Experience），它以大一学生为教育服务对象，从新生入校前的暑假开始延续整个第一学年，教育地点涵盖教室、宿舍及户外，目的在于让新生了解大学学习生活和日常生活，帮助他们尽快适应大学校园，更好实现角色转换，并为未来生活做准备，同时也向新生提供与教师、其他工作人员之间进行充分互动的机会。

美国大学新生教育可以追溯到 16 世纪，哈佛大学安排辅导员或高年级学生帮助新生适应大学环境，给新生提供个性化的支持体系，这是美国新生教育的萌芽。1972 年美国南卡罗来纳大学首次在正式课程中为新生设置了专门的教育内容，1986 年美国成立了"全美大学第一年教育研究中心"并出版《大学 FYE 期刊》，随着社会的变迁和高等教育的发展，新生教育逐渐发展完善成为一个集理论与实践于一体的综合体系，构成了美国高校学生事务管理工作的重要组成部分。

一、美国大学新生教育的内容和形式

内容基本涉及入学服务、学术援助、课程活动、课外活动等四类，它并不是将这些活动孤立地开展，而是将各项活动相互贯穿并紧密联结，以达到一种有效的融合来满足学生各个阶段的不同需求，为新生创造融学习与社交为一体的教育环境。

1. 入学服务类

入学服务类包括入学管理、定向辅导和宿舍计划三个部分。入学管理主要为招生、经济资助、入学登记等，需要相关部门通过调查等方式不断了解学生的需求，以便更新和改善入学教育活动。定向辅导涵盖学术活动、课外活动、特殊群体活动等，不仅能让学生了解课程安排，而且能引导新生进入大学学术研究系统和社交系统中。宿舍计划是将宿舍活动和学术活动进行有机结合，改变传统型的分散式的学习体验，将课程学习延伸到宿舍，让学生的生活和学习融为一体。

2. 学术援助类

学术支援旨在帮助新生改善学习方法、增强学习体验、提高学习质量。主要分为学术指导、辅助教育和图书馆信息素养三类。学术指导侧重于帮助新生制定学习计划，为新生提供各种拓宽视野的机会，让学生发掘自己的才能和天分。辅助教育是学生和教师在课堂外通过讨论和分享来进行学习的一种方式，可以帮助学生纠正不良学习习惯和思维方式。图书馆信息素养主要是通过图书馆工作人员和教师的指导，帮助新生了解如何从图书馆去获取和使用信息，培养信息素养能力。

3. 课程活动类

课程活动由新生研讨课和学习共同体两种形式组成。新生研讨课是美国大学新生教育最主要的形式，旨在帮助学生发展学习技能和策略，建立与老师的良好关系，进行有效的时间管理等，这类课程按其性质又分为适应转变研讨课教育和学术性转变研讨课两种。适应性转变研讨课首创于南卡罗来纳大学，旨在帮助学生更好地过渡到大学，体验大学学习和生活，顺利完成学业，促进学生成功。研讨课大部分主题是为适应大学学习服务的，如规划高效的学习小组、学习能力与风格、学术成功的秘密、有效的记忆工具、建构学术自信心及抗逆能力的技巧，还有小部分主题为适应大学生活服

223

务，如性健康、校园安全、压力管理等。学术性转变研讨课首创于哈佛大学，旨在帮助学生提高学术能力和研究能力，强调培养批判性思维、写作、信息处理能力等。研讨课的主题大多引人入胜，有跨学科的综合学习主题、多元化的并列主题、学科知识框架的主题。学习共同体是将两门及以上课程安排在一起，围绕共同问题，让学生在分工合作和交流讨论中学会分析、解决跨学科性质的问题，从而加强师生联系和同辈联系。

4. 课外活动类

课外活动的核心是服务学习，将课程与社会服务有机结合，让学生通过服务了解社会的需求，思考社会生活和学术领域的联系，形成研究课题，通过报告、汇报等形式在课堂上呈现研究成果，从而加深对课程的理解和思考。服务学习有学分要求，这种形式能帮助学生学会将知识和能力用于解决实际问题，从不同的角度感受专业及学科内涵。

二、美国大学新生教育的特点

1. 学生为本，教育设计体系化

新生教育的设立初衷是帮助大学生完成向大学生活的转变，并为未来发展奠定了基石。美国新生教育指导者协会（NODA）和标准促进委员会（CAS）早在 1986 年就提出，新生教育工作要达到两个基本的目标：一是让学生了解学习生活和日常生活，鼓励学生为未来生活做准备；二是提供新生和教师、学生和其他工作人员之间进行充分互动的机会。基于此，学校通过对学生个体、教育活动的详细数据统计和分析，结合学校的办学理念和文化等设计了新生教育体系，体系中的每一项活动都是相互贯穿、紧密联系的，以达到一种有效的融合来满足学生各个阶段的需求。如加州大学洛杉矶分校实施的新生及转型计划，将新生教育的目标确定为：促使学生取得学术成果，完成学业、智力及个性发展；向新生介绍相关资源、机会、政策及程序；向新生介绍大学对本科教育的期待和目标；指导可用于整个本科学习期间的科目选择程序等 15 项具体标准。正是有了清晰的目标，其设计的新生教育体系才能如此贴近学生需求，才能对实施效果进行评估并基于此不断调整，最终保证实施的良好效果。

2. 内容丰富，教育形式多样化

美国大学的新生教育本质上是一系列新生教育项目的集合，涵盖多种内容和形式的教育活动，如课程、定向辅导、夏令营、同辈辅导、社区服务等。各种项目既相互独立，又相互依存。虽然各个学校都会根据自身的实际情况并结合本校教育的理念和特色，实施不同的新生教育模式，举办不同类别的新生教育活动，开设不同侧重的新生研讨课程。但是他们的目标一致，都希望通过形式多样的教育活动，为学生提供系统的满足个人需要的解决方法。

迎新周（Freshman Week）是美国大学新生教育的一项传统活动，在为期一周的时间里，新生通过各种活动熟悉校园环境和教辅人员。如哈佛大学在迎新周里的特色项目是社区对话项目，新生被要求在暑期内认真阅读和思考指定材料和录像视频资料，入校后在开放日期间参与社群对话、分享个人观点。俄亥俄州立大学的迎新周特色活动是他们的读书计划，参加活动的新生都会领到两本畅销书，要求开学前必须阅读，入学后由教师和学生共同探讨。

除了各种活动和项目，各类课程尤其是新生研讨课是美国新生教育体系中最重要的部分，一般有数百门，每个新生可根据自身的实际情况和兴趣选择合适时段、感兴趣主题的课程。此外，各大学还会面向不同背景、不同特点的学生开展丰富多彩的新生教育活动，如国际学生、退伍军人、第一代大学生等，旨在通过有针对性的教育实践活动帮助不同背景的学生顺利融入校园生活。

3. 周期完整，服务人员专业化

美国大学的新生教育从新生报到前就开始，通过新生周等活动开始让学生参与其中，一直持续到大一学年的结束，这种贯穿大学第一年的模式加强了高中与大学的衔接，也增强了新生教育的可持续性。

美国绝大多数大学设置了专门的部门或机构来负责该校新生教育的设计和实施，如耶鲁大学的新生事务办公室，加州大学洛杉矶分校的新生服务处，俄亥俄州立大学的大一新生训练部等，虽然不同大学负责部门的名称不同，但其职能和定位都为负责新生教育工作的专门部门，设置专门的工作人员，协调全校各个相关职能部门和教学部门，一起合作计划、组织、安排、实施各种新生教育项目。同时，美国大学已经发展了稳定的新生教育专业人员队伍。他们中既有学生事务专业人员、大学各部门成员，又有心理学、教育学专家，以及各专业教师，专业人员的参与有效地保证了新生教育的成功。通过专门部门负责，专业人员参与，全校各部门合作，为新生教育营造了良好的环境，保障了新生教育的成功。

三、美国大学新生教育对我国大学新生教育的启示

近年来，我国高校逐步意识到新生教育工作的重要性，不断尝试改进新生教育工作的内容与模式，但仍然以入学适应教育、校史校情教育、校纪校规教育、健康安全教育、爱国教育、入党启蒙教育、专业入门指导为主。这些传统新生教育项目开展时间相对集中于新生入校后的一段时间内，尽管内容涵盖了新生刚入校时需要学习与了解的诸多方面，但受时间的限制，很难将相关教育内容深化，学生学习效果反馈机制缺乏。美国新生教育体系已经比较成熟，对于我国高校进一步改进和完善新生教育，具有如下三方面的启示。

1. 更新教育理念，凸显服务功能

美国大学的新生教育有着清晰的教育理念支撑，即帮助新生完成向大学生活的转换，了解大学的任务和学习方式，理性认识自我与社会，及早规划学术和人生发展并为未来发展奠定良好的基础。

基于这些理念，美国大学的新生教育一般都有较完备的体系，各个大学也会根据自身学校特色开展教育活动，这样避免了活动流于形式。

美国大学的新生教育设计真正考虑到学生的需求，一切以学生为中心提供各种指导和服务，但是我国大学的新生教育还停留在初级阶段，更多的是从教育者的角度思考教育内容，对学生的需求关注得较少，没有很好地体现出以学生为中心的理念。此外，我们更注重管理而不是服务，对学生的学习与发展关注较少、缺少针对学生个性需求的细化服务。这导致新生在进入大学后，虽然参加了新生教育活动，但仍然在学习、心理、生活等方面出现各种不适应现象。美国新生教育理念比较成熟，在管理服务的基础上，围绕学生需求，重视对学生的发展引导，激励学生主动参与教育活动。因此，我们应该借鉴美国大学新生教育理念，将重心从管理向服务转移，强调学生的主体地位，鼓励学生积极参与活动，实现主动适应。

2. 完善教育内容，创新活动形式

美国大学通过多年的实践已经构建了内容丰富、形式多样的新生教育体系，通过新生研讨课群、活动、讲座、工作坊和在线合作等多种形式，共同完成新生教育目标。我国大学的新生教育，从某种意义上说，还只是一种简单的入学教育，内容上一般为校纪校规教育、校史校情的学习、心理健康教育等，形式上多以教师讲授为主，学生参与性较少，课外活动则以文体活动居多。虽然这些教育活动也能解决新生所面临的一些问题，但由于未能切合学生的特点和需求，因此未能从根本上解决从高中向大学过渡以及后续大学学习、生活、个人发展所面临的种种问题，影响了学生的有效学习和成功发展。

课程活动是美国新生教育体系中的占比最重的内容，而这块内容正是我国大学新生教育中极度缺乏的部分，因此设计开发新生研讨课，培养学生的共同体意识势在必行。美国新生研讨课的经验表明，新生研讨课能够为大学四年的学习提供新的体验和动力。近年来，我国虽有清华大学、武汉大学等少数研究型大学开设了以学术性转变为目的的新生研讨课，并取得了一些成效，但开课类型和主题都还比较单一，缺少跨学科、多元化的学习主题。而以引导学生适应为目标的适应性新生研讨课在我国大学中尚未开设。因此，我们应该借鉴美国大学新生教育内容和形式，在整合现有新生教育内容的基础上，进一步研究和开发多种类型的大学新生教育和体验课程，不断完善教育内容和丰富教育形式。

3. 延长教育周期，建立专业队伍

美国大学的新生教育从新生报到前就开始，通过新生周等活动开始让学生参与其中，一直持续到大一学年的结束，这种模式加强了高中与大学的衔接，也增强了新生教育的可持续性。我国大学的新生教育多数集中在开学后的一个月之内，时间太短，无法保障活动的有效性和连续性。因此，我们应将目前短时间的新生教育拓展成为贯穿整个大学第一年的教育，在一年中持续开展各项新生适应融入活动，并定期通过集体研讨、个体访谈、调查问卷的形式对新生适应情况进行系统性调研，根据学生提出的在学习与生活中遇到的实际问题补充与调整新生教育内容，以便帮助全体新生平稳顺利地度过大学第一年。

美国大学的新生教育是一项在通识教育和学生生活之间的合作计划，倡导全员参与、多元协同，各部门有效协作、各种专业力量的共同参与保证了新生教育的整体效果。美国新生教育由专门部门负责，专业人员参与，体现了极强的专业性。我国新生教育主要由学生工作部门负责，学生工作人员参与，以经验模式为主，表现出"有框架、无体系"的特征，专业化程度较低。而新形势下学生日益复杂化的需求，客观上要求新生教育提高专业性，向专业化发展。大学应鼓励专业教师、行政人员、高年级优秀学生积极投身到新生教育中，加强对相关人员的专业化培训，为他们提供相互学习交流的机会。

◎ **参考文献**

［1］陈润瑶．美国大学新生教育研究及启示［J］．中国成人教育，2018(3)．

［2］舒虹．美国大学新生教育模式的经验与启示：以南卡罗来纳大学"大学101项目"为例［J］．北京教育(高教版)，2018(7)．

［3］张晋艳，柴琳．基于FYE计划的大学新生入学教育研究与实践［J］．广西科技师范学院学报，2018(3)．

［4］李珂．美国俄亥俄州立大学新生适应教育的特点及启示［J］．学校党建与思想教育，2013(9)．

优化新生入学教育，为大学生
成长成才扣好第一粒扣子
——中美高校新生入学教育对比研究及其启示

蔡　敏

（武汉大学外国语言文学学院）

　　大学新生入学教育是高校为刚入学的新生提供的各种活动、课程和服务，是为了新生尽快适应大学生活，完成角色转变，理解大学精神，肩负大学使命而进行的预备性教育。新生入学教育被视为高等教育的起点，是大一新生迈入大学的第一课，对于学生完成从高中生到大学生的角色转换、适应大学生活、明确大学学习目标和人生理想、利用各类教育资源充分发挥自身潜力具有重要意义。本文聚焦新生入学教育，对中美高校新生入学教育进行对比分析，探讨中美高校新生入学教育的特点和优势。他山之石，可以攻玉，通过对比可以为我国建设世界"双一流"大学的新生入学教育提供借鉴。

一、中美高校新生入学教育对比

　　美国高校历来重视新生教育，并将其作为校园文化的重要组成部分，在这个过程中，美国高校非常重视与家长、与新生的沟通。美国高校新生入学教育中的主要做法包括：制定新生入学教育计划、开设新生通识教育课程、开展心理咨询服务和帮助适应大学生活等。中国高校新生入学教育起步相对较晚，但重视程度不亚于美国，主要做法包括：适应性教育、校纪校规教育、专业学习教育、理想信念教育、爱校荣校教育、心理健康和安全教育、职业生涯规划教育等。中美高校都根据自己的实际情况和特点设立了新生入学教育的方案。

1. 时间和内容对比

美国高校新生入学教育启动早，很多高校实行入学前教育模式，把环境熟悉与适应教育提前到入学前的暑假进行，第二阶段是新生日/周阶段，该模式安排在开学后的某天或某周开展各类活动，提供新生和教师、员工、高年级学生深入交流的机会。第三是新生课程阶段，即"新生头年计划"或"新生体验计划"阶段，该阶段以修学分或学分课程模式来实现，介绍和修读的内容广泛，不限于校园文化、课程安排、职业规划等方面，为的是让学生尽快适应大学环境，融入各种群体，获得支持。

中国高校新生入学教育则在新生入学后集中进行，集中于新生报到后一周至一个月的时间，在短暂的时间里向学生灌输大量的知识或生活技能，且不说在知识和技能完全消化和理解上存在一定困难，运用到解决实际问题上更是不得而知了。基于此，中国少数重点高校开展了面向保送生的暑期项目，比如：武汉大学于 2017 年开始针对外语类保送生探索性地开创了保送生入学前学术辅导项目，入学教育启动早，使学生更早体验语言文化知识学习，既填补了保送考试至大学开学前的"空窗期"，也促进了学生更早与大学专业课老师和高年级学长、学姐之间的交流，取得了"双赢"的效果。由此可见，中国很多高校也将新生入学教育的起始时间提前至新生开学报到之前，"关口前移"是新生入学教育的一大重要趋势。

2. 参与群体对比

中美高校新生入学教育面对的群体也存在差异。美国高校入学教育群体广泛，不仅面向不同的学生群体，还面向新生的父母和其他家庭成员，这可以帮助父母和家庭成员给予学生更好的学术指导和生活建议。中国高校的新生入学教育目前集中面对学生，还没有扩展到面向学生父母和其他家庭成员。实践证明，来自家庭的良好的情感支持对于学生更快、更好地融入大学，健康快乐地完成学业，实现从大学生向社会人的转变是至关重要的。

目前，国内很多高校也逐渐意识到家庭在新生入学教育中的重要作用，在新生开学报到当天，许多院系就安排了新生家长见面会，向新生家长开展大学生涯学习生活导读和心理健康知识普及，让家长对于自己的孩子接下来将面临的大学生活有一个更全面更客观的印象。新生入学教育不仅仅需要学校各个部门的努力，还需要社会、家庭的共同配合，给新生营造一个成长成才的和谐氛围。由此可见，"家校联动"已成为新生入学教育的第二大趋势。

3. 教育模式对比

美国高校学生群体的多样化需要形式多样的新生入学教育。针对不同的学生群体，新生教育活动也多以分批次、小规模的方式开展，强调体验和互动的情景式教育。在中国则更强调集体，高校新生入学教育以大规模、集中安排为主，注重团队意识。随着高校生源多样化，中国高校新生入学教育也正由整齐划一走向丰富多样。比如：武汉大学于 2018 年起推行的"一年级计划"新生入学教育，各试点院系在学校"以学生为本年"的整体布局下，结合人才培养的实际，以立德树人为核心、以专业学习为抓手、以学院特色为纽带，与时俱进，推出了符合学科特点、专业教学、学生成长的一系列"一年级计划"教育活动，帮助新生扣好人生第一粒扣子。由此可见，"多样化"已成为新生入学教育的第三大趋势。

综上所述，中美两国高校在新生入学教育的时间和内容、参与群体以及教育模式等方面都存在差异。和中国高校相比，美国高校新生入学教育启动更早、参与群体更广、教育模式更加多样化。近年来，中国高校的新生入学教育也开始呈现"关口前移""家校联动"和"多样化"的趋势。

二、高校新生入学教育的创新及其启示

新时代为大学新生入学教育带来挑战的同时，也带来了一系列

机遇。因此，国内高校在新生入学教育方面也在与时俱进，不断创新。主要体现在：一方面，高校通过打造新媒体宣传教育平台，促进新生入学教育的多样化，比如积极利用新媒体资源，弘扬"主旋律"，营造良好的校园文化氛围，让学生在潜移默化中接受教育；另一方面，高校更重视加强学生自我教育。随着新时代大学生的性格特点和差异，高校越来越重视发挥朋辈教育和引领作用，让学生进行自我教育，组织优秀学生以新时代大学生喜闻乐见的多种方式进行现身说法，更能起到事半功倍的效果。

中美两国高等教育存在明显的制度差异，但两国高校在新生入学教育工作上的重视程度和工作理念是高度一致的。他山之石，可以攻玉。美国高校在新生入学教育中的先进做法也值得中国高校在符合国情和校情的基础上加以学习和借鉴。

1. 构建全员参与的新生入学教育模式

新生入学教育关系学生大学四年及未来的健康成长，也关系着高校的和谐、稳定和发展，必须加强社会、学校和家庭的协同教育。协同教育是当今教育发展的趋势，大学生入学的适应能力教育系统性强，体系化程度高，因而需要社会、学校、家庭等多方参与，形成教育合力，从而更好地发挥适应能力教育的效果。美国高校不仅动员学校众多经验丰富的教授和优秀的高年级学生，还会邀请当地的医院、消防队等为新生讲授各个方面的知识，使新生的适应能力教育更加全面和完善。

因此，我国也应当加强社会、学校和家庭的协同教育，鼓励高校的新生项目和活动与当地的社区和政府合作，这样既能锻炼新生的人际交往能力，也强化了新生服务社区、回报社会的意识。一方面，高校应加强组织领导，高度重视新生入学教育和适应能力教育，调动全员力量参与其中。全校各职能部门、各院系以及各种学生社团都参与新生入学教育。学校做好统筹规划和协调，各部门积极参与，院系全面落实，行政管理人员、专业教师和高年级学生齐心协力将新生入学教育真正落到实处，使各方资源达到优化配置，形成全员育人、齐抓共管的格局。另一方面，高校在重视引导和教育学生的同时，还应重视对学生的父母及亲人的教育引导，发挥家庭在新生适应能力教育中的作用。中国学生的父母及其家庭成员对新生的影响比美国大得多。因此，中国学生家长更应纳入新生入学教育参与主体，并在学生成长成才过程中发挥积极作用。通过父母和学校的共同指导，帮助新生更好地适应大学。

2. 创新新生入学教育形式和载体

新时代大学生处于世界观、人生观和价值观形成的关键时期，既有当代大学生的共性特点，又在思想、学习、心理和生活等方面表现出不同的特点。新生入学教育要符合大学生的身心发展规律，又要针对个性化特点和需求因材施教。这就需要我们积极创新新生入学教育的形式和载体，开辟丰富多彩的活动项目，增强互动性、趣味性，既要保持"大课"教学的优势，又要发挥"小班"辅导的积极作用，既"高大上"又"接地气"。

第一，重视新媒体与传统教育方式的结合。新媒体在教育教学中的运用，已成为不可阻挡的趋势。因而，高校在开展大学新生入学教育时，尤其要注意新媒体与传统教育方式的结合，让传统教育焕发出新的活力和效果。第二，开辟适合本校特色的新生入学教育方式。每个学校都有自己的特色和校园文化，这是一个学校的灵魂所在，也是学校可以利用的极具价值的瑰宝。因而，每个高校都应当开辟适合本校特色的新生入学教育，这样能收到意想不到的效果。

3. 建立长效机制，形成完善科学的教育体系

新生入学教育是一项长期工作，不是一周、一个月就能解决问题的，目前国内高校新生入学教育周期短、缺乏整体规划和完善的考核评价体系，也没有学分的限制。高校的新生入学教育有流于形式之嫌，教育效果也并不理想。所以，必须把新生入学教育看作一项长期工作，应建立长效机制，并且应在社会、学校、教师和学生本人的共同配合和参与下进行，形成一个完善、科学的教育体系，只有这样才能使这项工作真正落到实处，才能为国家培养创新人才

打下坚实的基础。

美国高校在大学生入学适应能力教育方面的有益尝试，的确值得我们国内高校借鉴。一是开设高度结构化的新生课程，二是组织学习共同体。新生研讨会是结构化新生课程的重要基石。在这个研讨会中，新生们不仅可以了解大学阶段的跨学科学习内容和多样性学习方式，还可以切身体会大学阶段所常用的研究理念、研究方法、研究工具。学习社团是结构化新生课程的重要动力。学习社团就是大学新生寻找榜样、树立榜样的最佳场所，通过榜样的引导和带领作用，帮助大学新生解决适应大学困难的问题。通过组织学习共同体，可以为大学新生、老生和导师建立一个联络的平台，从而帮助新生尽快适应大学的学习生活。

因此，必须要明确新生入学教育的定位，这是一项长期的工作。高校新生入学教育亟待形成一个科学的教育体系，优化新生入学教育内容，建构科学合理的入学教育体系，明确阶段性教育的内容和目标。同时，针对学生未来可能会出现的困惑与迷茫，做好长期教育内容的选择与顶层设计，建立长效机制，做好专业学习及全面发展规划。

习近平总书记勉励青年"人生的扣子从一开始就要扣好"。高校新生入学教育就是大学生的第一粒纽扣，要把这第一粒扣子扣好，需要高校积极做好顶层设计、统筹规划，需要专业教师、管理人员、学生与家长全员参与、相互配合，才能为学生四年的大学生活乃至将来的人生发展打好基础，才能为创建世界"双一流"大学打好人才培养的根基，实现立德树人的根本任务。

◎ **参考文献**

[1]张晓京. 美国高校学生事务管理：基于八所大学的个案研究[M]. 北京：中国传媒大学出版社，2010.

[2]教育部思想政治工作司组编. 走进美国高校学生事务管理[M]. 北京：中国人民大学出版社，2011.

[3]夏小华. 反思、借鉴与创新：美国高校学生事务管理的经验与启示[M]. 北京：中国科学技术大学出版社，2011.

[4]林彬.中美学生事务管理的比较[M].北京：知识产权出版社，2014.

[5]罗丽琳、朱琳.大学生入学适应能力教育[M].北京：知识产权出版社，2017.

[6]陈征微.中美高校新生入学教育活动比较研究[J].高校辅导员，2015，6.

[7]马桂兰.中美高校新生入学教育模式比较研究[J].高校辅导员，2011，4.

[8]吕雪梅.国内高校入学教育研究综述[J].文教资料，2014，4.

[9]BOOKMAN G. Freshman Orientation Techniques in Colleges and Universities[M]. Occupations，1948.

后　记

2019 年是武汉大学的"能力建设年"，为了服务武汉大学的"双一流"建设，根据学校制定的干部队伍建设"十三五"规划，学校选拔、培训和组织青年管理干部赴美国知名高校研修。2019 年 7 月至 8 月，26 名青年管理干部分为三个小组在美国进行了为期三周的培训学习、实地调查和项目研讨，对美国高校的办学理念、育人体系、管理方式和文化建设等方面进行了研究和思考。

归国后，三个研修小组结合赴美学习所得，围绕"武汉大学青年管理干部职业能力提升""武汉大学大学生心理健康咨询与服务"和"如何提高武汉大学治理体系和治理能力建设"三个议题继续研讨。研修团成员将赴美的观察和思考，同我们建设"双一流"高校的任务结合起来，撰写论文和研究报告。论文涉及高校治理结构与体系、高校学生事务管理、高校人事人才管理考核体系、大学校园文化建设、高校对外交流与学习、高校校友工作、大学服务能力提升等方面。为了更好地总结成果、促进交流和扩大成效，我们专门组织编写了《美国高校行政管理探究——武汉大学 2019 年青年管理干部出国研修成果集》。

通观全书 28 篇文章，"比较"是研修的着力点之一。首先，比较能帮助我们理解自我和他者。我们在比较中发现差异和共性，思索引发差异的原因，进而理解中国高校管理工作的使命和特点。其次，比较要求我们提升辩证思维的能力。简单的比较方便发现差异，但有陷入"二元对立"的风险，容易得出一些简化、极化的结论。在关注差异时，我们需要考量所谓的"自我"与"他者"是不是整体的不同部分？是不是某些范式的不同特例？是不是相似历程的不同阶段？是不是某种规律的不同表现？我们要有跳出"二元对立"视角的意识，反思比较各方的边界，从更宏观、更多元的维度进行反思，做到"学以致用"。正如这次赴美研修，学校不仅希望大家了解美国高校行政管理的方式与特点，更希望大家探究高校管理的一般规律，在更高、更新的层面创新我国高校管理工作的理路与径路。

"创新"是大家关注的另一个重点。《关于高等学校加快"双一流"建设的指导意见》中强调，改革创新是高校持续发展的不竭动力。高校建设要积极主动深化改革，发挥教育改革排头兵的引领示范作用，以改革增添动力，以创新彰显特色。创新理论的重要贡献者奥地利裔美国经济学家约瑟夫·熊彼特强调："创新的通义是要建立一个新的生产函数，也就是把一种从来没有的生产要素和生产条件的新组合，引进到新生产中去。"本次研修，我们带着问题出发，寻找有益于我们创新发展的管理经验和工作方法，强调应将外部经验进行创造性转化，与自身所处的条件和境遇结合，努力为解决工作中的实际问题建言献策，提出优化方案。

"交流"是本次研修的第三个特点。研修团不仅完成了研修计划中的访问活动，还积极联系 UCLA 的相关管理工作部门，开展有针对性的调研，访谈美国高校管理工作人员。在美期间以及归国之后，成员之间积极交流研讨，才智涌流，活力迸发。

"纸上得来终觉浅，绝知此事要躬行。"目标再宏伟、计划再远大，落实不到位、执行打折扣，学校"双一流"建设目标就无法完成。年轻干部要围绕中心，服务大局，提高抓落实、促执行的能力。2020 年是武汉大学的"治理提升年"，学校着力提升干部队伍治理能力和管理水平，将继续创新青年管理干部的培养方式，进一步加大投入，按照建设高素质专业化干部队伍的要求，为青年管理干部创造接触多元管理经验的机会，拓展国际视野，丰富专业知识，提升专业能力和创新能力，为武汉大学"双一流"建设作出更大的贡献。

朱德友

2020 年 9 月于珞珈山

（作者系武汉大学党委组织部部长）

238